I0088778

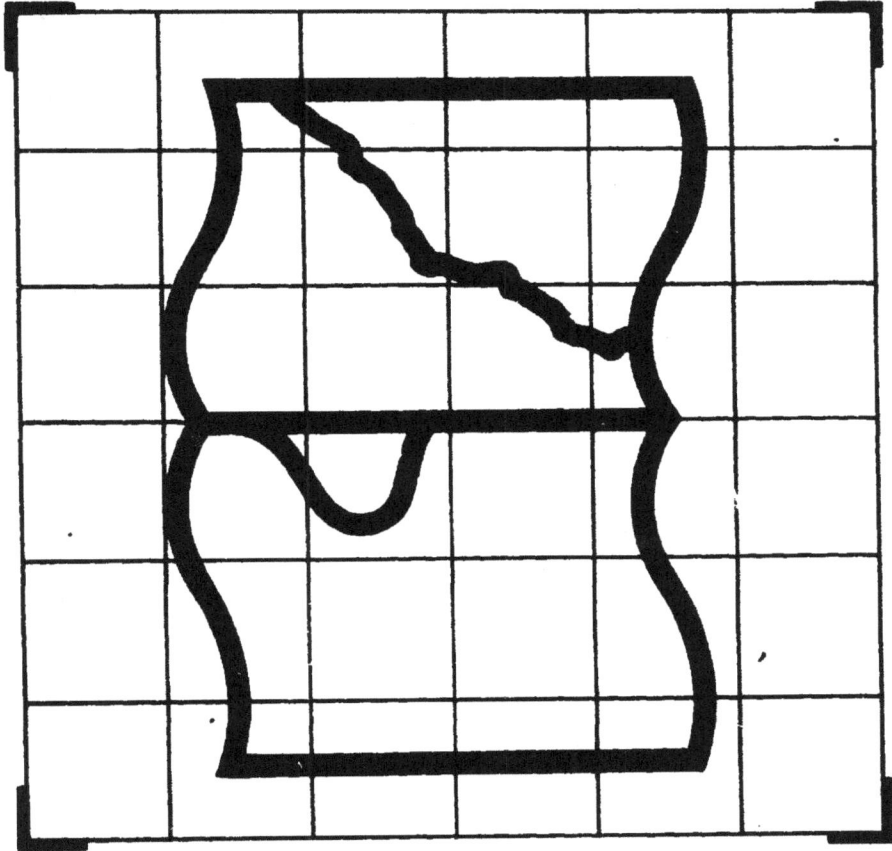

- Conserver la Couverture

694

12

COLLECTION DE TEXTES

POUR SERVIR A L'ÉTUDE ET A L'ENSEIGNEMENT DE L'HISTOIRE

CHARTES

DES LIBERTÉS ANGLAISES

(1100-1305)

PUBLIÉES

AVEC UNE INTRODUCTION ET DES NOTES

PAR

Charles BÉMONT

Docteur ès-lettres, Archiviste-Paléographe,
Maître de conférences à l'École pratique des Hautes-Études.

SCIENTIAE
ET PATRIAE

PARIS
ALPHONSE PICARD, ÉDITEUR
des Archives nationales et de la Société de l'École des Chartes
82, RUE BONAPARTE, 82

1892

CHARTES

DES LIBERTÉS ANGLAISES

50

100

MACON, PROTAT FRÈRES, IMPRIMEURS

COLLECTION DE TEXTES

POUR SERVIR A L'ÉTUDE ET A L'ENSEIGNEMENT DE L'HISTOIRE

CHARTES

DES LIBERTÉS ANGLAISES

(1100-1305)

PUBLIÉES

AVEC UNE INTRODUCTION ET DES NOTES

PAR

CHARLES BÉMONT

Docteur ès-lettres, Archiviste-Paléographe,
Maître de conférences à l'École pratique des Hautes-Études.

SCIENTIAE
ET PATRIAE

PARIS

ALPHONSE PICARD, ÉDITEUR

Libraire des Archives nationales et de la Société de l'École des Chartes
82, RUE BONAPARTE, 82

1892

AVERTISSEMENT

La Grande Charte n'est pas un acte isolé, sorti spontanément de circonstances extraordinaires, sous le règne du roi Jean. Elle a été précédée au XII° siècle d'actes analogues pour le fond comme pour la forme. En outre, elle a été remaniée à plusieurs reprises, interprétée et complétée, abrogée et rétablie dans le cours du XIII° siècle. C'est pourquoi nous avons réuni dans ce recueil : 1° les chartes des libertés anglaises promulguées par Henri I, par Étienne et par Henri II, et qui sont comme les sources de la Grande Charte proprement dite ; 2° cette Grande Charte avec ses quatre rédactions différentes et les deux rédactions de la Charte de la Forêt ; 3° les documents émanés des papes, des rois ou des grands, qui concernent l'histoire de ces deux Chartes sous Henri III et sous Édouard I.

Nous avons donné ces textes d'après les originaux ou, quand ceux-ci n'existent plus, d'après les copies les plus autorisées. Pour plusieurs, nous avons pu voir ces originaux ou ces copies ; pour les autres, nous avons suivi les éditions qui présentent le plus de garanties d'exactitude. Partout ou presque partout, nous avons résolu les abréviations, au risque d'interpréter parfois à tort les désinences dans les noms propres de lieux ou de personnes. Autant nous avons tenu à donner toutes les variantes des textes essentiels, autant nous avons été sobre de notes, pour ne pas empiéter sur le travail des étudiants auxquels cette collection s'adresse. Mais nous avons tenu à donner, autant qu'il nous a été possible, une courte note biographique sur les personnages nommés dans nos textes. Plus d'un de ces personnages mériterait d'ailleurs une biographie détaillée, comme il s'en trouve dans le Dictionary of national biography, mais nous ne pouvions pas songer à donner une telle extension à cette partie, secondaire en somme, de notre travail.

Dans l'Introduction, nous nous proposons d'indiquer sommairement à la suite de quels évènements ont été promulgués les textes qui constituent l'histoire de la Grande Charte. Nous l'avons divisée en paragraphes correspondant chacun à une des grandes divisions de cette histoire, et nous avons indiqué les sources où il faut puiser pour étudier le sujet à fond. Les textes viendront après.

INTRODUCTION

La Grande Charte est un acte par lequel le roi Jean sans Terre, dans la ⟨7⟩ année de son règne, a concédé et confirmé solennellement (15 juin 1215) les libertés du peuple anglais. Elle est née de circonstances particulières qui seront exposées plus tard, mais elle a des origines lointaines, puisqu'elle reproduit avec plus de détails la charte de Henri I, comme celle-ci prétendait se rattacher elle-même aux « lois d'Édouard », renouant ainsi la chaîne qui rattache les institutions de l'Angleterre anglo-normande à celles de l'époque anglo-saxonne.

§ 1er [1].

Henri I, dit Beauclerc, était le dernier fils du Conqué-

---

1. Les principales sources pour le règne de Henri I sont au nombre de quatre : 1° *Historia novorum in Anglia*, par Eadmer, moine à Christ-Church, Cantorbéry ; elle est divisée en six livres qui vont de 950 à 1122, et s'attache surtout à raconter les luttes soutenues par saint Anselme contre Guillaume II et Henri I. Publiée dans Migne, tome 159, et dans la collection du maître des rôles (édit. M. Rule, 1884). 2° *Chronicon de Chronicis*, 449-1117, par Florent, moine de Worcester,

rant et il avait juré fidélité à son frère aîné Robert
Courteheuse, duc de Normandie, ce qui ne l'empêcha
pas, dès le moment où il apprit que Guillaume le Roux

---

qui mourut le 7 juin 1117. Publié par B. Thorpe pour la R. English
histor. Society (2 vol. 1848), et en partie seulement au tome 147 de
Migne. 3° *Gesta regum Anglorum*, chronique en cinq livres composée
par Guillaume, moine à Malmesbury (mort vers 1142). Elle s'arrête en
1125, mais elle a été reprise et continuée par le même dans son *Historia novella* qui raconte en trois livres les évènements de 1126 à 1142.
Édit. Migne, 179, et Stubbs (Rolls series, 1889). 4° *Historia Anglorum* (55 av. J.-C. à 1154) par Henri, archidiacre de Huntingdon (mort
vers 1154), p. p. M. Arnold (Rolls series, 1879). Pour le règne
d'Étienne, outre les chroniques précédentes, il faut consulter l'*Historia
regum anglicarum* par Guillaume le Petit, de Newbury, qui va de 1066
à 1197, et surtout les *Gesta Stephani regis Anglorum*. Ces deux chroniques ont été publiées, avec d'autres relatives aux règnes d'Étienne, de
Henri II et de Richard I, par M. Richard Howlett (Rolls series, 4 vol.
1884-1889). Pour Henri II et ses fils, ajoutons : *De vita et gestis regum
Henrici II et Ricardi I*, chronique attribuée faussement à Benoît, abbé
de Peterborough (1167-1192), p. p. Stubbs (Rolls series, 2 vol. 1867); les
Chronica de maître Roger de Hovedene (ou Howden), originales à
partir de 1154, et très importantes de 1192 à 1201 (publ. p. W. Stubbs,
Rolls series, 4 vol. 1878-71); les *Opera historica* de Raoul « de Diceto »,
doyen du chapitre de Londres, dont la seule œuvre importante est
intitulée : *Imagines historiarum* (Tableaux d'histoire), de 1147 à 1201;
publ. par W. Stubbs (Rolls series, 2 vol. 1876); enfin les *Chronica*
(1100-1199) et les *Exceptiones brevissime de gestis regum Britannie*
(allant de Brutus à 1199, puis à 1210), par Gervais, moine à Christ-
Church de Cantorbéry, publ. p. Stubbs (Rolls series, 2 vol. 1879-
1880). Dans la même collection figurent également les œuvres de
Giraud de Barri (Giraldus Cambrensis) et les matériaux relatifs à
l'histoire de Thomas Becket. Quant aux ouvrages de seconde main, il
faut se rappeler que la meilleure histoire générale de l'Angleterre au
moyen âge est celle de Lappenberg, continuée, de 1154 à 1509, par
R. Pauli (*Geschichte von England*, 5 vol. 1834-1858), puis de 1509 à
1688 par M. Moritz Brosch (2 vol. 1889, 1892). Freeman est à consulter
pour les nombreux détails qu'il fournit çà et là au tome V de sa *Norman Conquest* sur le xiiᵉ siècle et surtout pour son histoire de Guillaume
le Roux, (*The reign of William Rufus and the accession of Henri I*,
2 vol. 1882). Pour Henri II et ses fils, outre l'ouvrage estimable
de lord Lyttelton (*The history of the life of king Henry the second and
of the age in which he lived*, 3ᵉ édit., 4 vol. 1769), il faut consulter la

venait d'être tué (2 août 1100), de piquer droit sur
Winchester et de se faire livrer les clés du trésor
royal ; une ébauche d'émeute fomentée par les gens
de la ville, des Anglais par conséquent, qui préfé-
raient un prince né dans leur pays à un « étranger »,
réprima la tentative d'opposition faite par certains
seigneurs normands, comme Guillaume de Breteuil,
qui rappelaient en vain les serments prêtés par Beauclerc, et Henri fut élu roi ; puis, comme on craignait
le retour prochain du duc de Normandie, Henri
s'empressa de se faire consacrer par l'évêque de
Londres (dimanche 5 août). Cette seconde cérémonie
fut aussi lestement expédiée que l'avait été l'élection ;
quelques prélats seulement y prirent part [1]. Ainsi
l'avènement de Henri I présente tous les caractères
d'une usurpation et il est aisé de comprendre que le
roi ait cru devoir faire spontanément des concessions
pour affermir sur sa tête la couronne ravie à l'héritier
désigné. Le jour de son couronnement, il prêta le
triple serment, renouvelé d'Éthelred, de servir
l'Église et de lui assurer la paix, de réprimer les
« rapacités et les iniquités » à tous les degrés, enfin

très consciencieuse étude de miss Kate Norgate : *England under the
angevin kings* (2 vol. 1887). Les préfaces de M. W. Stubbs aux diverses
éditions de chroniques citées plus haut seront lues avec grand profit.

1. Sur ces évènements, voyez Florent de W. II, 46 ; Guillaume de
Malmesbury, dans Migne, 179, col. 1352 ; O. Vital, IV, 87-88, 91 ;
Henri de Huntingdon, p. 233. M. Freeman fait dire aux textes
beaucoup plus qu'ils ne veulent ; par exemple, quand il imagine une
réunion régulière des witan, le 3 août au matin, pour procéder à
l'élection. Le discours qu'Augustin Thierry met dans la bouche de
Henri I au moment de l'élection doit être placé six ans plus tard, s'il
faut croire, sur la foi de Wendover, qu'il est authentique.

de rendre la justice avec équité et miséricorde[1]. Puis
il promulgua une charte, la première en date des
Chartes des libertés anglaises (Textes, n° I), où il
promit à l'Église la liberté des élections et la sécurité
de ses biens; aux seigneurs, la paisible transmission
de leurs fiefs; à tous, une bonne monnaie et une législation plus modérée des dettes et des amendes; enfin
il leur rendit la « loi du roi Édouard avec les amen-
dements faits par son père et le conseil de ses
barons ». Cette loi avait été en effet « récitée »
devant les grands du royaume, dans la quatrième
année de la Conquête (1070). Non pas qu'Édouard-le-
Confesseur ait jamais rédigé aucun code de lois ; il
faut entendre qu'il s'agit ici des lois en vigueur au
temps du dernier roi anglo-saxon, c'est-à-dire de la
législation rédigée par le Danois Cnut-le-Grand
d'après les « lois d'Edgar ».

Il n'est pas inutile de savoir en quoi consistait cette
législation traditionnelle dont le xii° siècle faisait
honneur au pieux Édouard et le xi° siècle au victorieux Edgar. En ce qui concerne ce dernier, nous
avons le texte de ses lois dont l'authenticité n'a
jamais été attaquée[2]. On peut dire, en termes brefs,
qu'elles s'efforcent d'organiser la paix de Dieu (pri-
viléges de l'Église, dîme et jeûnes) et la paix du Roi
(répression du vol, organisation des tribunaux de

---

1. Stubbs, Select Charters, p. 99.
2. On en trouvera le texte dans les deux compilations fondamentales
pour la législation anglo-saxonne : B. Thorpe, Ancient laws and
institutes of England, p. 111, et R. Schmid, die Gesetze der Angelsachsen, 2° éd. 1858, p. 182.

centaine et de la responsabilité collective ; monnaie,
poids et mesures). Pour les lois d'Édouard-le-Confes-
seur, il en est autrement ; telles que nous les avons,
elles n'ont pas le caractère d'un travail officiel, mais
d'une compilation privée où le rédacteur anonyme a
trouvé moyen d'intercaler une longue digression sur
le roi Ina et l'assemblée du peuple au vIII° siècle, sur
les conquêtes légendaires du roi Arthur de Bretagne,
sur l'origine et les lois des Dano-Norvégiens. Cette
compilation ne peut être placée plus tôt que dans le
second quart du XII° siècle [1] et l'on ne saurait affirmer
qu'elle contient toute la législation d'Édouard. Très
différente pour la forme des lois d'Edgar, elle peut
être cependant, quant au fond, ramenée aux mêmes
dispositions concernant la paix de Dieu et la paix du
Roi ; en dernière analyse, il est probable qu'elle contient la législation du dernier roi anglo-saxon, ou du
moins l'idée qu'on s'en faisait dans la première moitié
du XII° siècle [2], et c'est ce qui importe surtout ici. En
« rendant la loi d'Édouard », Henri I semblait donc
implicitement prononcer la paix de Dieu et la paix du
Roi comme on l'entendait à l'époque anglo-saxonne ;
il revenait aux « bonnes coutumes » de l'ancien temps
après avoir condamné formellement les mauvaises

---

1. Thorpe, p. 190, Schmid, p. 491. Schmid place avec raison les
« lois d'Édouard » après les lois de Henri 1; il incline à en placer
la rédaction vers le dernier quart du XII° siècle. Il me paraît difficile
cependant d'admettre que le compilateur eût parlé comme il le fait
d'Arthur, s'il avait écrit après Geofroi de Monmouth (c'est-à-dire
après 1139).

2. Sur la « laga Edwardi regis » et ses sources, voyez Liebermann :
Quadripartitus (Halle, 1892), p. 3, 50.

coutumes en vigueur pendant les règnes de son frère
et de son père. Mais, s'il rattachait ainsi le régime
anglo-normand au régime anglo-saxon, il innovait en
déterminant les privilèges propres au clergé et à la
noblesse, dont la conquête avait tant contribué à
faire un pouvoir politique.

On peut faire encore une autre observation :

L'administration normande était au plus haut degré
formaliste et procédurière : Guillaume le Conquérant
s'était toujours donné comme le légitime et unique
successeur d'Édouard ; il avait prétendu régler sa
politique d'après la lettre du droit strict attesté, soit
par des actes authentiques, soit par des témoins
dûment constitués en jurys d'enquête. Il importait
donc aux particuliers d'appuyer leurs droits et privilèges sur des actes formels, et à la nation opprimée
de se retrancher derrière des chartes écrites. Le serment prêté par les rois au jour de leur couronnement
était conçu en des termes trop vagues pour limiter
efficacement la prérogative royale ; la charte de
Henri I eut précisément pour but de déterminer au
juste les avantages réclamés par l'Église, les Grands
et le Peuple. Il fit acte de bonne politique en l'accor-
dant, mais en même temps il créa un précédent destiné à une répercussion lointaine.

Ce qui était arrivé à la mort de Guillaume II le
Roux se reproduisit à celle de Henri I (1er déc. 1135).
Qui devait hériter ? Sa fille Mathilde, veuve de l'empereur d'Allemagne Henri V et femme du comte
d'Anjou Geofroi Plantagenet, ou son neveu, Étienne
de Blois ? D'après Guillaume de Malmesbury, le roi

mourant avait désigné sa fille ? D'après Henri de Huntingdon, Hugues Bigot affirma que le roi avait désigné
son neveu. Ce dernier précipita les évènements.
Tandis que l' « Impératrice Mathilde » et son frère
Robert de Gloucester, fils bâtard de Henri I, restaient
en Normandie pour assister aux obsèques de leur
père, il se hâta de passer en Angleterre. Il était
brave; on le disait facile d'accès et libéral; la ville de
Londres l'accueillit avec joie. Dans l'assemblée des
grands du royaume, les plus sages et les plus âgés [1]
décidèrent qu'il fallait procéder sans retard à l'élection; c'était, disaient-ils, leur droit et leur devoir.
Étienne fut élu en effet d'une voix unanime.
Mais il y eut des engagements réciproques : les
citoyens de Londres lui promirent de l'argent; à son
tour, il promit à tous le maintien de la paix. Cependant l'archevêque de Cantorbéry hésitait encore; il
se laissa convaincre par les partisans d'Étienne, qui
fut sacré et oint le 22 décembre en présence de trois
évêques seulement et de quelques grands. Pas un
abbé n'était présent. Néanmoins il était roi, et il
réussit à obtenir d'Innocent II [2] une bulle confirmant
son élection (février? 1136). Vers Pâques enfin arriva
Robert de Gloucester (22 mars); il consentit à reconnaître Étienne qui, dans une assemblée tenue à
Oxford, promulgua une nouvelle charte de libertés

---

1. « Majores natu consultuque quique provectiores, » disent les
Gesta Stephani regis. Pour l'élection d'Étienne, il faut comparer et
combiner les *Gesta Stephani.* p. 8-9: Guill. de Malmesbury, Migne,
col. 1401-1404; Richard de Hexham (édit. Howlett), p. 144-150, Henri
de Huntingdon, 256-258, et Robert de Torigny, qui suit ce dernier.
2. Voy. Jaffé-Wattenbach, *Reg. pont. rom.,* nº 7804.

(*Textes*, n° II)[1] ; elle est semblable, quant au fond, à celle de Henri I. Elle s'en distingue par la place considérable qu'elle fait aux libertés de l'Église, mais elle est conçue dans le même esprit. Le nom de Robert de Gloucester figure parmi les témoins de cet acte avec celui de Hugues Bigot. Un mois ne s'était pas écoulé que ce dernier se soulevait contre Étienne (27 avril). Les engagements pris à Londres et à Oxford ne lui avaient servi de rien ; on le traitait maintenant en usurpateur et, s'il réussit tant bien que mal à garder la couronne, il fut, à la fin, obligé de reconnaître pour successeur le fils de sa rivale Mathilde : Henri Plantagenet.

Ce dernier succéda au trône sans contestation. Il jugea néanmoins utile de donner des garanties aux grands et au peuple et, comme ses prédécesseurs, il commença par confirmer « toutes les concessions, donations, libertés et libres coutumes données et concédées par son aïeul Henri I » ; il déclara expressément que « la sainte Église, les comtes, les barons

---

1. Il existe une seconde charte d'Étienne, plus brève et conçue en termes plus vagues. Elle n'est pas plus datée que celle que nous publions plus loin. M. Stubbs pense qu'elle a été promulguée lors du couronnement ; elle serait donc de décembre 1135. Elle contient seulement deux articles que voici : 1° Sciatis me concessisse et presenti carta mea confirmasse omnibus baronibus, et hominibus meis de Anglia omnes libertates et bonas leges quas Henricus rex Anglorum avunculus meus eis dedit et concessit ; et omnes bonas leges et bonas consuetudines eis concedo quas habuerunt tempore regis Edwardi. — 2° Quare volo et firmiter precipio quod habeant et teneant omnes illas bonas leges et libertates de me et heredibus meis ipsi et heredes sui libere, quiete et plenarie ; et prohibeo ne quis eis super hiis molestiam vel impedimentum, vel diminutionem faciat, super forisfacturam meam. Stubbs, *Select Charters*, 119.

et tous ses hommes » auraient et conserveraient ces
coutumes et privilèges « aussi librement, paisible-
ment et complètement que le roi Henri les avait
donnés et confirmés par sa charte » (*Textes*, n° III).

Mais l'intempérant fondateur de l'empire angevin
s'en tint à ces déclarations vagues et brèves [1]. Pendant son règne si glorieux et si troublé, il travailla
surtout à fortifier le pouvoir royal en perfectionnant
l'organisme administratif. La justice et les finances,
c'est-à-dire les plus grands services publics dans un
État où le service militaire était réservé à une
seule classe d'hommes privilégiés, furent recons-
tituées sur des bases plus solides. Après avoir été
bienfaisantes parce qu'elles restauraient l'ordre inté-
rieur détruit pendant la guerre civile d'Étienne et
de Mathilde, ces réformes devinrent des instruments
de despotisme, parce qu'elles furent appliquées
avec une rigueur tracassière par les agents d'un
roi toujours affairé et besoigneux. Ce fut pis encore
sous les deux fils de Henri II : les entreprises
guerrières où Richard Cœur-de-Lion dissipa les dix
années de son règne, la conduite débauchée et la
politique avide de Jean-sans-Terre, ne purent être
soutenues que par des exactions toujours plus
oppressives. En même temps, le pouvoir absolu qui
s'était établi de fait sous l'empire de circonstances
extraordinaires dans le cours du xii° siècle, commen-

---

1. Henri II, dans sa charte, où il confirme celle de Henri I, ne fait
aucune allusion à celle d'Étienne, sans doute à cause des avantages
qu'elle accordait à l'Église et qu'il jugeait excessifs.

çait à s'inspirer du droit impérial; le roi, par principe autant que par tradition, prétendit régner sans contrôle et sans frein. Il ne fallait pas attendre des souverains du XIIIᵉ siècle qu'ils consentissent par politique, comme ceux du siècle précédent, à reconnaître et à confirmer les libertés de leurs sujets; ceux-ci ne pouvaient l'espérer que d'une révolution. Elle éclata sous Jean et ne cessa d'agiter l'Angleterre pendant un siècle.

§ II [1].

En 1213, Jean sans Terre qui, depuis six ans, était

---

1. Par l'histoire des années 1213-1216, les principales sources peuvent se diviser en deux groupes : 1° les chartes ; 2° les chroniques.

Les chartes sont réunies dans trois recueils essentiels : 1° les *Fœdera* de Rymer, dont il y a quatre éditions : la 1ʳᵉ (avec la continuation de Sanderson) en 20 vol. parus de 1704 à 1735 ; la 2ᵉ, surveillée par Holmes, qui reproduit seulement les 17 premiers volumes de l'édition primitive, c'est-à-dire ceux qui avaient été publiés ou préparés par Rymer lui-même (1727-1729); la 3ᵉ, publiée à La Haye en 10 vol., qui comprend tout Rymer avec la continuation de Sanderson et les corrections de Holmes (1739-1745); la 4ᵉ enfin, dirigée par l'ancienne commission des archives et qui parut de 1816 à 1830 en 3 vol. formant 6 parties, avec un fragment du tome IV. Cette réédition s'arrête à l'année 1386. Un utile abrégé du recueil de Rymer a été donné par sir Thomas D. Hardy (Rolls series), en 3 vol., sous le titre : *Syllabus, in english, of Rymer's Fœdera* (1869-1885). — 2° *Rotuli litterarum clausarum in Turri Londinensi asservati*, p. p. Th. D. Hardy; le tome I (1204-1224) a paru en 1833 et le tome II (1224-1227) en 1834. — 3° *Rotuli litterarum patentium in Turri Londinensi asservati*, par le même. 1 vol. (1201-1216), 1835. Ces deux publications sont la reproduction intégrale et littérale des plus anciens rôles où ont été transcrites les lettres closes et patentes émanées de la Royauté ; les textes y sont imprimés avec les abréviations, ratures, etc., qui figurent au manuscrit. Dans la préface au vol. des Lettres patentes, l'éditeur a dressé, d'après ces actes, l'itinéraire du roi Jean pendant tout son règne.

en lutte déclarée avec son clergé et avec le pape,
céda devant l'excommunication lancée contre lui et
surtout devant la menace d'une invasion française sollicitée par Innocent III. Il invita lui-
même le nonce du pape Pandolfo qui, deux ans
auparavant, lui avait reproché « d'aimer et d'ordonner
les détestables lois de Guillaume le Bâtard au lieu
des lois excellentes de saint Édouard » [1], à venir en
Angleterre; il alla au devant de lui à Douvres et là,
le lundi avant l'Ascension, il promit solennellement
« d'obéir aux ordres du pape sur toutes les choses
pour lesquelles il avait été excommunié » ; puis, la
veille de l'Ascension [2], il résigna sa couronne entre
les mains du pape représenté par Pandolfo, et prêta
serment d'être fidèle à Dieu, à saint Pierre et à
l'Église romaine. Dans le chapitre de Winchester,
où il fut relevé de l'excommunication fulminée contre
lui, il jura, « touchant les saints Évangiles, d'aimer la

Quant aux chroniques, outre Gervais de Cantorbéry, il suffira d'indiquer celle du chanoine anonyme de Barnwell, insérée par Walter de
Coventry dans son *Memoriale* (p. p. Stubbs, 2 vol. Rolls series, 1871-
1873), et celle de Roger de Wendover, qui forme la base des *Chronica
majora* par Mathieu de Paris (p. p. Luard. Rolls series. 7 vol. 1876-
1883). L'œuvre personnelle de Wendover, publiée, à partir de 449,
par Coxe, pour la R. english histor. society, a été rééditée, mais seulement à partir de 1154, par M. Hewlett (Rolls series, 3 vol. 1886-89).
  1. Annales de Burton (Rolls series), p. 213.
  2. Il y a confusion sur la date exacte de ces faits dans Wendover
(éd. Luard, Rolls series). Il dit que la rencontre du roi et du nonce à
Douvres eut lieu « decima tercia die maii, videlicet die lune proxima
ante Ascensionem Domini », et que la résignation de la couronne par
le roi eut lieu « decima quinta die maii, in vigilia scilicet dominice
Ascensionis ». Or, en 1213, l'Ascension tomba le 23 mai. L'itinéraire
du roi ne nous permet pas de résoudre cette petite difficulté chrono-
logique.
  C. Bémont. — *Chartes des libertés anglaises.*   b

sainte Église et de la défendre contre tous ses adversaires, de rétablir les bonnes lois de ses prédécesseurs et surtout celles du roi Édouard, de juger tous ses hommes selon la justice et de rendre à chacun son droit » (20 juillet)[1]; puis, « s'humiliant pour Celui qui s'était humilié pour les hommes jusqu'à la mort », touché par la grâce du Saint-Esprit, il offrit et concéda au Saint-Siège les royaumes d'Angleterre et d'Irlande (13 octobre); il se fit le vassal du pape auquel il promit un tribut annuel de mille marcs d'argent[2]. Enfin il prit la croix. Il invoquait la protection de l'Église après s'être placé sous sa dépendance.

Cependant les grands ne restaient pas inactifs. Dans un parlement tenu à Saint-Paul de Londres[3], l'archevêque de Cantorbéry, prenant à part un certain nombre de seigneurs, leur rappela le serment prêté par le roi à Winchester : « Voici, ajouta-t-il, qu'on vient de trouver une charte du roi Henri I grâce à laquelle, si vous le voulez, vous pouvez rétablir dans leur ancien état les libertés depuis longtemps perdues. » Puis, montrant cette charte, il la fit lire en séance publique[4], manœuvre habile et qui devait être

---

1. Wendover, II, 550.
2. Rymer, à la date. Cette charte de Jean fut scellée d'une bulle d'or.
3. On remarquera que les grandes assemblées politiques sous le règne de Jean se sont tenues dans les bâtiments d'un établissement ecclésiastique important : Saint-Paul de Londres, l'abbaye de Saint-Alban, celle de Saint-Edmond. Sous Henri II, elles se tinrent souvent dans une maison de chasse ; comme Clarendon, Woodstock, Marlborough. Ce simple fait marque la différence des deux époques et le rôle considérable joué par l'Église, un quart de siècle après la mort de Th. Becket.
4. « Audientibus cunctis, » dit Wendover, II, 552.

décisive, car maintenant les ennemis du despotisme royal savaient ce qu'ils devaient demander ; ils apparaissaient comme les défenseurs des lois du royaume contre le roi lui-même.

Un an après, quand, vaincu et déshonoré dans sa campagne de France, Jean-sans-Terre fut revenu dans son royaume (19 octobre 1214), les comtes et les barons, assemblés à Saint-Edmundsbury, eurent de longs entretiens secrets. On leur exhiba de nouveau la charte de Henri I. Tous jurèrent sur l'autel principal « que, si le roi refusait de leur concéder les lois et libertés promises par cette charte à l'Église et aux Grands, ils lui feraient la guerre et abjureraient leur fidélité »[1]. Ils résolurent de présenter au roi une pétition collective en ce sens après Noël, et chacun se sépara prêt à prendre les armes, s'il le fallait. Après Noël, en effet, ils vinrent à Londres en appareil militaire et ne se retirèrent que lorsque le roi leur eut fourni de bonnes cautions qu'il remplirait ses promesses. « Du jour où fut produite la charte de Henri I », dit un chroniqueur anonyme[2], « tous les esprits furent gagnés à ses partisans ; c'était le mot et l'avis de tous qu'ils se dresseraient comme un mur pour la maison du Seigneur, pour la liberté de l'Église et du royaume. »

Le lundi après l'octave de Pâques (27 avril 1215), les barons[3] s'assemblèrent en armes à Brackley ; ils

---

1. Wendover, II, 583.
2. Chanoine anonyme de Barnwell, dans Walter de Coventry, II, p. 218.
3. Pour cet épisode, voyez Wendover, II, 585-588.

apportaient une « cédule » ou pétition, « qui conte-
nait la plupart des lois et coutumes antiques du
royaume » (*Textes*, n° IV), et affirmaient « que, si le
roi refusait de les ratifier, ils prendraient ses châteaux,
ses terres et possessions, et l'obligeraient de force à
leur donner satisfaction ». Après que cette cédule eut
été lue au roi : « Et pourquoi, demanda-t-il, les
barons ne me demandent-ils pas aussi ma couronne »,
sacrant et jurant « qu'à aucun prix il ne se mettrait
dans leur servage ». A cette nouvelle, les barons
mirent à leur tête Robert Fils-Gautier, qu'ils appelèrent « le maréchal de l'armée de Dieu et de la sainte
Église »[1]. Londres, toujours prête à s'allier aux
ennemis de la royauté, leur ouvrit ses portes ; de là, ils
invitèrent le reste de la noblesse à se joindre à eux.
La plupart, et surtout les jeunes gens[2], répondirent à
cet appel. « Les tribunaux de l'Échiquier et des shériffs vaquèrent dans tout le royaume, parce qu'on ne
trouva personne qui voulût donner de l'argent au roi
ni en rien lui obéir »[3].

Réduit aux abois, Jean-sans-Terre demanda la
paix, assurant « qu'il ne tiendrait pas à lui qu'elle ne
fût rétablie », et il délivra des sauf-conduits à tous
ceux qui voudraient venir conférer avec lui[4]. En
même temps, fait qui suffirait à lui seul, s'il y avait
besoin de preuves, à prouver la duplicité de son

---

1. Wendover, II, 586. Chanoine anonyme de Barnwell, II, 220.
2. Chanoine anonyme de Barnwell, II, 220.
3. Wendover, II, 588.
4. Voir dans les *Rot. litt. pat.* I, 134, 137, 138, 142, une série de
ces lettres de sauf-conduits, délivrées les 23 avril, 10, 17, 18, 20, 25,
27 mai et 8 juin.

caractère, il fit écrire au Pape (29 mai) une lettre dans laquelle il exposait son différend avec les Barons et où il déclarait que leur hostilité l'empêchait d'accomplir son vœu de Croisade [1]. L'entrevue à laquelle il avait convié ceux qu'il dénonçait ainsi au chef spirituel de la chrétienté n'en eut pas moins lieu. On peut supposer que le roi était d'autant plus disposé à faire des concessions et à prêter des serments qu'il espérait davantage s'en faire bientôt relever. Il avait établi son camp entre Windsor et Stanes, dans un endroit où, semble-t-il, les Anglo-Saxons avaient, aux temps anciens, coutume de s'assembler pour délibérer sur les affaires de l'État, et qui, à cause de cela, portait le nom de « Prairie de la Conférence » (Runnymead) [2]. Le roi accueillit gracieusement [3] les barons, accepta la pétition qu'ils lui apportaient l'épée au poing, y fit apposer son sceau, et consentit enfin à jurer la Grande Charte qui fut revêtue à son tour du grand sceau de la royauté (15 juin).

Après avoir assisté aux origines de la Grande Charte, on se rend mieux compte de son caractère. Ce n'est pas une constitution nouvelle arrachée par les barons à la royauté; ce sont les antiques libertés de la nation que le roi s'engage à respecter. Mais l'acte de 1215 (*Textes*, n° V) est plus explicite qu'aucun de ceux qui l'ont précédé et préparé. La charte

1. Rymer, à la date.
2. L. Gomme : *Primitive Folk-moots*, p. 72. M. Gomme estime qu'il y eut, dans cette entrevue de Runnymead, un retour à l'ancienne pratique des assemblées en plein air.
3. Chanoine anonyme de Barnwell, II, p. 221.

de Henri I compte 14 articles; celle de Jean, 63. Henri l'avait accordée bénévolement au début de son règne et il avait pu se contenter de promesses générales; en 1215, au contraire, on voulait réparer les injustices commises sous le régime arbitraire de trois règnes et en empêcher le retour. Les stipulations furent donc d'autant plus précises que les griefs avaient été plus nombreux et plus évidents. Toutes les classes qui comptaient alors dans la société avaient souffert de la politique angevine; à toutes, la Grande Charte offrit des réparations. Au clergé, elle promettait (art. 1) le maintien de ses privilèges et surtout la liberté des élections canoniques déjà décrétée par Jean-sans-Terre l'année précédente[1]. Pour la noblesse, elle fixait le droit ou la procédure en matière de succession féodale (art. 2, 3), de garde-noble (art. 4,5), de mariage (art. 6, 7, 8), de dettes (art. 26), de présentation aux bénéfices ecclésiastiques (art. 46). D'autre part, elle accordait la protection royale aux marchands circulant avec leurs marchandises (art. 41), décrétait l'unité des poids et mesures (art. 35), confirmait les privilèges des villes, des bourgs, des ports, de Londres en particulier (art. 13). Enfin, elle garantissait la liberté individuelle en décidant que nul ne pourrait être arrêté ni détenu, lésé dans sa personne ni dans ses biens, sinon par le jugement de ses pairs et conformément à la loi (art. 39); elle promettait à tous une justice bonne et prompte (art. 40) et en ren-

---

1. Voyez la « Carta Johannis regis ut libere sint electiones totius Anglie » dans Stubbs : *Select Charters*, p. 288.

dait moins onéreuse l'administration en réservant les
« plaids communs » à une section permanente de la
cour du roi (art. 17), en réglant la tenue des assises
(art. 18, 19), en adoucissant le système des amendes,
si gros d'abus (art. 20, 21, 22). En matière financière,
elle interdisait aux seigneurs de lever aucune aide,
sauf dans trois cas exceptionnels (art. 15) ; de même,
l'aide royale ou écuage ne pouvait être exigée que
dans ces trois cas, sinon le roi devait demander l'assentiment du « commun conseil du royaume », c'est-
à-dire de l'assemblée composée par les archevêques,
évêques et abbés et par les principaux chefs de la
noblesse (art. 12, 14). En matière administrative, elle
promettait le bon recrutement des fonctionnaires
publics (art. 45) et amoindrissait leur importance
(art. 24, 28, 29, 30, 38) ; elle assurait la libre naviga-
tion sur les rivières (art. 33) et interdisait (art. 47, 48)
l'extension des forêts royales. Ce dernier article dut
être surtout bien accueilli des petits tenanciers
ruraux si maltraités par la rigueur des pratiques forestières depuis le Conquérant. C'était donc la nation
entière, et non telle ou telle classe privilégiée, qui
prenait ses garanties contre la royauté ; mais aussi
elle ne faisait pas une révolution, puisqu'elle prétendait seulement lier le roi aux anciennes lois du
royaume [1].

Cependant les barons croyaient si peu à la sincé-
rité du roi, qu'ils essayèrent de le mettre hors d'état
de se délier de ses promesses. L'article 61 institua une

1. Les articles 56, 58 et 59 se rapportent aux relations de l'Angleterre avec la Galles et l'Écosse.

sorte de comité de surveillance de 25 barons élus
par le « commun conseil » ou Parlement[1]; quatre
d'entre eux, choisis par leurs collègues, seraient
chargés de surveiller les agissements du roi et de
ses fonctionnaires; ils porteraient au roi les plaintes
des personnes molestées et, s'il refusait de leur rendre
justice, ils pourraient l'y contraindre par la force.
Enfin, le roi s'engageait à s'abstenir de toute tentative
pour faire révoquer ou amoindrir aucune des concessions et libertés qu'il avait accordées.

Ces belles promesses, les ordres que le roi mul-
tiplia pour assurer l'exécution de la Grande Charte[2]
n'avaient qu'un but, celui de gagner du temps, car
Jean attendait la réponse du pape à sa lettre du

---

1. Ce mot apparaît pour la première fois seulement en 1239, dans
Mathieu de Paris, III, 526.

2. Voyez les *Rot. litt. pat.* I, 143, et le nouveau Rymer, à la date des
18 et 19 juin. Voici une circulaire adressée à tous les shériffs d'Angleterre :

« Joan par la grace de Deu reis d'Engleterre as visconte de Suthantesire et a dosce esleuz en tel conté a enquerre et oster les malveises
costumes des viscontes et de lor ministres des fores et des forestiers
et des warennes et des warenniers et des riviers et de lor gardes,
saluz. Nos vos mandons que senz delai saisiez en nostre main les terres
et les tenemenz et les chatels de toz cels del conté de Suthantesire qui
ne vodront jurer as. xxv. barons solonc la forme qui est escrite en
nostre chartre des franchises o a celz qu'il auront a ço atornez; et
s'il ne volent jurer maintenant empres quince jorz acompliz puisque
lor terres et lor tenemen et lor chatel seront saisi en nostre main, faites
vendre toz lor chatelz, et les deniers qui en seront pris gardes sauvement a metre en l'aie de la sainte terre de Jerusalem; et lor terres et
lor tenemenz tenez en nostre main jusqu'il aient juré; et ço fu pour-
vieu por le jugement l'arceveske Stefne de Cantorbire et des barons de
nostre regne. Et en tesmoing de ceste chose nos envoons cestes nos
lettres overtes. Tesmoing mei meisme. A Odihaam le vint et septain jor
de juing, l'an de nostre regne dis et septain ». — (*A history and defence
of Magna Charta*, p. 235.) On n'indique pas l'origine de cette pièce.

29 mai [1]. Elle arriva enfin. Elle ne pouvait pas être conçue en termes plus favorables pour la cause du roi d'Angleterre. Dans sa bulle du 24 août, en effet, Innocent III, adoptant tous les arguments et reproduisant le récit des faits que lui avait fournis Jean-sans-Terre, exposa que le roi avait été contraint par la force et par la crainte « qui peut tomber même sur l'homme le plus courageux »; il réprouva et condamna le pacte de Runnymead; il défendit, sous menace de l'anathème, au roi de l'observer et aux barons d'en exiger l'observation (*Textes*, n° VI). En même temps, il rappela aux barons dans une seconde bulle (25 août) que la suzeraineté de l'Angleterre appartenait à l'Église romaine, qu'on ne pouvait opérer dans le royaume aucun changement préjudiciable aux droits de l'Église, que le traité passé avec le roi était « non seulement vile et honteux, mais encore illicite et inique »; il les invita donc à « faire de nécessité vertu », à renoncer à la Grande Charte et à donner au roi toutes satisfactions légitimes pour les dommages qu'il avait subis [2].

Puis au concile du Latran il excommunia les barons anglais « qui persécutaient Jean, roi d'Angleterre, croisé et vassal de l'Église romaine, en s'efforçant de lui enlever son royaume, fief du Saint-Siège [3] ». Il

---

1. Aussitôt après Runnymead, Jean expédia son chancelier, Richard « de Marisco », « qui in curia jugiter existens negocia sua pro viribus promoveret ». Chanoine anonyme de Barnwell, II, 222.

2. Rymer, à la date. Cf. Potthast, n°° 4.990 et 4.991.

3. Voir dans Rymer, à la date du 16 décembre 1215 (xvii° cal. januar.), la lettre du pape adressée à l'abbé d'Abingdon, à l'archidiacre de Poitiers et à maître Robert, official de Norwich.

n'épargna même pas l'archevêque de Cantorbéry, Étienne de Langton, qui, en réalité, dirigeait depuis deux ans l'opposition parlementaire. Langton se rendit à Rome pour se justifier. Son départ, en privant les grands de leur chef le plus respecté, désagrégea le parti : quelques-uns revinrent au roi ; les plus déterminés appelèrent Louis de France et, de réformateurs, devinrent révolutionnaires.

§ III[1].

Peu après, Jean sans Terre mourut désespéré et ruiné (16 octobre 1216). Ses derniers partisans conduisirent à Gloucester son fils aîné Henri III, âgé de

1. La principale chronique relative au règne de Henri III est celle de Roger de Wendover et de Mathieu de Paris, tous deux moines de Saint-Alban. Wendover la rédigea jusque vers 1235 environ ; Paris la recopia, y inséra des additions d'autant plus nombreuses qu'on se rapproche plus de son temps, et la continua seul de 1235 à 1259. L'éditeur, M. Luard, a distingué dans son édition, par des caractères différents, ce qui appartient à l'un et à l'autre de ces chroniqueurs. Il y a aussi une édition récente de l'œuvre propre de Wendover, par M. Henry G. Hewlett : *Rogeri de Wendover liber qui dicitur Flores historiarum ab a. D. M. C. LIV.* (Rolls series. 3 vol. 1886-1889). Outre les *Chronica majora*, on trouvera d'utiles renseignements dans les Annales monastiques du XIIIe siècle, réunies et publiées par M. Luard (Rolls series, 5 vol. 1864-1869) ; ce sont celles de Tewkesbury (1066-1263) et de Burton (1004-1263), au tome I ; de Winchester (519-1277) et de Waverley (1-1291), au tome II ; de Dunstable (1-1297) au tome III ; de Worcester (1-1377) et la chronique de Thomas Wykes (1066-1289), au tome IV. Le tome V contient l'index et le glossaire. — Dans la même collection figure une édition du traité de Henri de Bracton (ou Bratton) *De legibus Angliae*, publié par sir Travers Twiss (6 vol. 1878-83) ; le texte, malheureusement, est très fautif, et il n'y a pas encore de table générale ; celles de chaque volume sont absolument insuffisantes.

neuf ans, et s'empressérent [1] de le faire couronner (28 octobre). Dans un concile assemblé à Bristol (11 novembre) en présence du légat du pape Gualon, le jeune roi promit d'oublier tout ce qui s'était passé depuis le commencement des troubles, de rendre à chacun bonne justice, d'abolir les mauvaises coutumes du royaume et de « faire revivre les jours bienfaisants de ses nobles prédécesseurs en remettant en vigueur les libertés et les bonnes coutumes [2] ». La Grande Charte fut donc promulguée à nouveau (12 novembre) « à la demande et avec l'approbation » des prélats et des grands qui prêtèrent alors au roi le serment de fidélité. On remarquera que ces prélats et ces grands étaient justement ceux qui l'avaient combattue l'année précédente, et qu'ils agissaient maintenant de concert avec le délégué du pape. Il devenait désormais difficile, non pas sans doute de la violer, mais de la déclarer vaine et non avenue.

Cette politique prudente et avisée porta ses fruits ; après un grave échec essuyé sous les murs de Lincoln (19 mai 1217), le prétendant fut réduit à demander la paix. Elle fut conclue après deux entrevues à Lambeth (11 septembre) [3], et à Merton (23 septembre) [4]. Louis de France dut renoncer à ses droits à la couronne d'Angleterre ; il rendit « les rôles de l'Échi-

---

1. « Cum magna festinatione ». Annales de Waverley, dans les *Annales monastici*, p. 286.
2. Annales de Waverley. *Ibid*. Annales de Wykes ; *ibid*. p. 60.
3. Voyez dans le *Spicilegium* de d'Achery IX, 171 et dans Rymer (à la date) le traité de paix conclu à Lambeth entre Louis de France et Henri III. Cf. Blackstone : *Magna Carta*, p. xxxiii.
4. Sur cette seconde entrevue, Blackstone, *ibidem*, p. xxxv.

quier, les chartes des Juifs et les chartes faites au sujet des libertés anglaises sous le règne de Jean »; mais, en retour, Henri III confirma « les libertés et libres coutumes dont ses sujets avaient joui au temps de ses prédécesseurs, avec d'autres libertés contenues dans sa charte ». Il est fait allusion ici à une nouvelle confirmation de la Grande Charte dont nous avons un original, non daté il est vrai, mais qui fut très vraisemblablement promulgué le 6 nov. 1217[1]. En même temps fut rédigé un autre acte, consacré à la législation forestière; ce n'était que le développement des articles sur les forêts royales inscrits dans la Grande Charte primitive[2]. On l'appela la « Charte de la forêt », et son histoire fut étroitement liée à celle de la Grande Charte.

La charte de la première année de Henri III (12 nov. 1216) et celle de la 2e année (6 nov. 1217) sont presque identiques l'une à l'autre, mais diffèrent notablement de celle de 1215. Furent supprimés, en effet, outre les articles qui passèrent dans la charte de la forêt (47, 48), ceux qui concernaient l'aide féodale (12), l'assentiment du Commun Conseil en matière d'impôts extraordinaires (14), le comité de surveillance des 25 barons (61); en un mot tous ceux qui avaient pour but de limiter le plus clairement la pré-

---

1. Cette date est fournie par plusieurs copies anciennes de la charte; voyez Blackstone, *ibid.*, p. xxxix, et le 10e rapport de la commission des mss. historiques, n° 3 : mss. de la cathédrale de Wells, p. 110.

2. Wendover dit formellement (II, 598) qu'une charte spéciale concernant les forêts fut annexée à la Grande Charte de 1215 sur une cédule particulière; mais le texte qu'il donne paraît n'être que celui de la confirmation de 1225. Voyez à ce sujet la note de M. Luard.

rogative royale en matière politique. Il faut bien
admettre cependant que ces suppressions[1] ne parurent
pas aux contemporains aussi graves qu'elles nous paraissent dangereuses, car elles furent maintenues dans
la troisième confirmation jurée par Henri III au Parlement de janvier-février 1225, et rien, dans les auteurs
du temps, ne peut faire soupçonner que les Grands,
en arrachant à prix d'argent cette confirmation, aient
pensé à réclamer autre chose ; ils exigèrent[2] uniquement du roi, récemment émancipé par le pape, qu'il
tînt les promesses qu'il avait plus ou moins librement
faites pendant sa minorité et non celles qu'on avait
imposées de force à son père[3].

Le texte de la Grande Charte promulgué le 11
février 1225 (9e année de Henri III) est d'une importance exceptionnelle. Tout d'abord il est définitif et
n'a jamais été modifié (sauf en un seul point de détail)
da   aucune des confirmations et des transcriptions
officielles qui ont été publiées postérieurement. C'est
lui, et lui seul, qui a toujours été invoqué, soit devant
les tribunaux, soit dans les deux chambres du Parlement, soit dans les livres des jurisconsultes (*Textes*,
n° VII). Dans sa forme, il se rapproche beaucoup des

---

1. La charte de 1216, art. 42, donne la raison de ces suppressions,
« quousque plenius consilium habuerimus. » Voyez plus loin, p. 58.

2. En 1223 ; voyez Wendover, III, 79.

3. C'est ce qu'avait dit un des conseillers intimes du roi, Guillaume
Brewer, au parlement de janvier 1223. Voyez Wendover, III, 76.
Comparez la réponse faite par Louis VIII aux ambassadeurs de
Henri III quand, après la mort de Philippe-Auguste, ils vinrent rap-
peler au nouveau roi les promesses qu'il avait jurées au traité de Lin-
coln. Wendover, III, 77.

rédactions de 1216 et 1217, et diffère beaucoup, par conséquent, de l'acte de 1215. La Charte de la forêt fut renouvelée et confirmée en même temps (*Textes*, n° VIII) [1]. Ce sont maintenant les premiers statuts du royaume d'Angleterre, et comme la pierre angulaire de sa constitution écrite.

Deux ans plus tard, Henri III devenait majeur. Une des premières mesures qu'il prit, une fois en pleine possession de tout son pouvoir, fut d'annuler la Charte de la forêt sous prétexte qu'elle avait été accordée quand il était encore mineur et qu'il n'avait pas la libre disposition de ses volontés ni de son sceau [2]. Il pouvait s'armer du même prétexte contre la Grande Charte ; sans doute il n'osa pas et se contenta d'en interdire l'enseignement dans les écoles de droit de Londres [3], mais son règne personnel fut comme un perpétuel défi à cette constitution : il la jura chaque fois qu'il n'eut pas d'autre moyen pour obtenir de son Parlement de nouveaux subsides [4]; il s'associa d'un visage

---

1. Wendover-Paris, III, 91 ; Annales de Waverley, p. 300; Annales de Dunstable, p. 93 ; Annales de Tewkesbury, p. 68.

2. Wendover, IV, 122.

3. D'après une lettre close du roi (a° 19°, m. 22) publiée par Coke dans ses *Institutes*, tome II (éd. 1797), proemium : « ne aliquis scholas tenens de legibus in eadem civitate [Londres] de cetero ibidem leges doceat. » (11 déc. 1235.) Coke affirme qu'il s'agit ici des lois du royaume « vaking their foundation of Magna Charta and Charta de foresta. » Est-ce bien sûr ?

4. Ainsi, en janvier 1237, quand il fallut remplir le Trésor mis à sec par le mariage d'Isabelle, sœur du roi, avec l'empereur Frédéric II ; voyez Paris, III, 382 (le catalogue des mss. de la bibliothèque cottonienne, par Planta, mentionne, au vol. Vespas. F. XIII n° 3, une confirmation en latin de la Grande Charte datée du 28 janvier 1238. Nous ne l'avons pas trouvée ; est-ce une erreur de Planta ?) — Nouvelle confirmation en 1242, quand Henri III préparait son expédition en Poitou.

serein à toutes les sentences d'excommunication fulmi-
nées contre ceux qui la violeraient [1], mais il gouverna
toujours comme si elle n'existait pas. Si l'on étudie
dans Bracton la théorie du pouvoir royal, on con-
state que la Grande Charte n'est pas comptée parmi
les limites posées à ce pouvoir. Sans doute, la maxime
romaine « quidquid principi placet legis habet vigo-
rem » ne peut être invoquée en Angleterre ; ministre
de Dieu et son vicaire sur la terre, le roi doit respecter la justice ; « il est roi quand il agit bien, tyran
dès qu'il opprime le peuple et qu'il le domine par la
violence [2] » ; mais nulle part il n'est dit ce que la
justice permettait au roi de faire ou lui défendait. La
Grande Charte était assez explicite sur certains points ;
Henri III, imbu, comme ses prédécesseurs, des
maximes du gouvernement absolu, agit le plus souvent comme s'il l'ignorait ; et il conduisit gaiement le

(M. Paris, IV, 186). En racontant le Parlement de février 1242, Paris
dit qu'à côté de la Grande Charte, le roi fit aux grands « quamdam
parvam cartam quam adhuc habent » ; c'est sans doute celle qu'a publiée
M. Stubbs dans ses *Select charters*, p. 365, avec la date de janvier
1237. — Troisième confirmation en 1253, quand le roi demanda de
l'argent pour la Croisade (M. Paris, V, 359-360, 374-377). Il y a, dans
le ms. Cotton. Aug. II, n° 51, une confirmation et réédition sur parchemin de la Grande Charte qui a été publiée dans les *Stat. of. the
realm. Chart. of. lib.*, p. 28. Elle porte la date : Westminster, 11
février, 36ᵉ année du règne (1252) ; mais c'est une grossière fabrication ;
le scribe a, en effet, commencé par recopier le préambule de la charte
de 1225 ; ensuite, à l'art. 1, il a nettement inséré la mention qu'elle était
faite sur le conseil du légat Gualon, phrase empruntée à la rédaction
de 1217 ; puis il a suivi exactement le texte de 1225, mais, à la fin, il a
changé les noms des témoins et la date.

1. Ainsi en 1225, en 1227, en 1253. La sentence prononcée dans
cette dernière occasion est donnée dans nos *Textes*, n° IX.

2. Bracton, livre III, 1ᵉʳ traité, chap. 9, édit. Twiss, II, 172, 174.
Comp. Bémont : *Simon de Montfort*, p. 96.

royaume à une nouvelle guerre civile. Aux yeux de ceux qui combattirent auprès de Simon de Montfort, la Grande Charte, si souvent et si facilement violée, parut une garantie insuffisante pour les privilèges des grands et pour les libertés nationales. Ils voulurent réformer le gouvernement et ils y réussirent en partie, malgré l'hostilité du pape, qui condamna les Provisions d'Oxford et malgré la sentence arbitrale prononcée par le roi de France, qui blâma tout ce qui dépassait les stipulations de la Grande Charte [1]. Cet acte, que les grands avaient opposé « comme un mur » à Jean-sans-Terre, se retournait contre eux maintenant; et quand, avec la mort de leur chef (4 août 1265), leur cause eut été définitivement ruinée [2], ils durent s'estimer heureux d'être remis par le « Dit de Kenilworth [3] » sous le régime du statut promulgué dans la 9ᵉ année du règne. Même vainqueur, Henri III n'avait pu, en effet, se dégager des serments qu'il avait tant de fois prêtés; ils le lièrent jusqu'à son dernier soupir.

---

1. Aux conférences d'Amiens, janvier 1264. Voyez Bémont, *Ouvr. cité*, p. 206.

2. Simon de Montfort avait fait sceller par le roi une nouvelle confirmation des Chartes le 14 mars 1265. Voyez les *Statutes of the realm*, Charters of liberties, p. 31, et Stubbs, *Select Charters*, p. 416.

3. Publié par Stubbs. *Ibid.*, p. 419. L'article 5 du Statut de Marlborough (18 nov. 1267) est ainsi conçu : « Magna Carta in singulis suis articulis teneatur, tam in hiis que ad regem pertinent quam ad alios, et hec coram justiciariis itinerantibus in suis itineribus et vicecomitibus in comitatibus suis, cum opus fuerit, demandetur; et brevia versus eos qui contravenerint gratis concedantur coram rege, vel coram justiciariis de banco, vel coram justiciariis itinerantibus, cum in partes illas venerint. Similiter carta de Foresta in singulis suis articulis teneatur, et contravenientes contra eam per dominum Regem, cum convicti fuerint, graviter puniantur modo supradicto. » Voyez Blackstone, p. 79, et les *Statutes of the realm*, I, 19.

§ IV[1].

Édouard I, qui lui succéda, fut sans contredit un des souverains les plus remarquables que l'Angleterre ait possédés ; comme Henri II, il fut un législateur émi-

---

1. La chronique de Mathieu de Paris a été continuée, soit à Saint-Alban même, soit à Westminster et ailleurs. Ces continuateurs se résument en deux noms, celui de Guillaume de Rishanger et celui de Mathieu de Westminster. Le premier, né en 1250, fut moine à Saint-Alban (1271); il y était encore en 1302; H. Th. Riley a publié sous son nom une chronique, ou *Continuatio Chronicorum Mathei Parisiensis* (1259-1306), des *Annales regni Scotiae*, des *Annales Angliae et Scotiae*, des *Gesta Edwardi I* et trois fragments d'annales relatives au même prince (dans les *Chronica monasterii S.-Albani*, Rolls series); on lui attribue en outre un *Opus* ou *Liber Chronicorum* (1259-1296), publié par le même éditeur dans un autre volume qui contient encore les Chroniques et Annales de John de Trokelowe; mais il est impossible que ce *Liber* soit du même auteur que la Continuation de M. de Paris. Les deux textes présentent de grandes ressemblances et de graves divergences; ils se complètent l'un l'autre. Quant à Mathieu de Westminster, c'est un nom de rencontre derrière lequel se dissimulent plusieurs continuateurs anonymes des Grandes Chroniques. Mais ces continuateurs paraissent avoir vu de près les évènements qui se sont produits à Londres en 1295-1300. Leur témoignage doit être recueilli avec soin, maintenant surtout que l'on a une excellente édition des *Flores historiarum* (par H. R. Luard, Rolls series, 3 vol. 1890). Cette édition devra être seule consultée. Très importante encore, au point de vue particulier qui nous occupe, est l'*Historia Anglicana* de Barthélemy de Cotton, moine de Norwich (publ. p. H. R. Luard, Rolls series, 1859); cette chronique s'arrête brusquement en 1298, aussitôt après le récit de la bataille de Falkirk, sans doute à cause de la mort de l'auteur qui est, par conséquent, un témoin immédiatement contemporain. C'est d'ailleurs moins un historien qu'un bon archiviste; dans sa chronique, assez incolore en elle-même, il a inséré de précieux documents qui lui donnent une grande valeur. Il faudra consulter en outre la continuation de Florent de Worcester par Jean de Tayster et Jean d'Everisden (publiée à la suite de Florent dans l'édit. de Thorpe) et celle de Gervais de Cantorbéry (*Historical works of Ger. of C.* 2 vol.; édit. Stubbs. Rolls series, 1879-1880), qui donne

nent et son règne a laissé des traces indélébiles dans
l'administration anglaise. Il ne faut pas, cependant,
avec quelques historiens modernes [1], le considérer
comme un modèle de sagesse et de vertu. C'était un
politique, sincère quand il déclarait que nul n'aimait
le peuple mieux que lui, peut-être sincère encore
quand il s'excusait en pleurant des sacrifices qu'il lui

---

d'assez abondants détails sur le différend entre le roi et le clergé de
1294 jusqu'à la réconciliation d'Édouard I avec l'archevêque de Cantorbéry, en juillet 1297, la chronique de Nicolas Trevet, de l'ordre
des Prêcheurs (*Annales sex regum Angliae qui a comitibus andegavensibus originem traxerunt 1136-1307*, édit. Hog, English histor. soc.
1845), où l'on retrouve des passages identiques à certains de Rishanger,
et celle de Walter au Gautier de Hemingburgh (ou Hemingford), chanoine régulier au monastère de N.-D. de Guisborough (*Chronicon de
gestis regum Anglie, 1066-1315* ; édit. H. Cl. Hamilton. English histor.
soc. ; 2 vol. 1848). Rien à signaler parmi les chroniques des règnes
d'Édouard I et d'Édouard II publiées par M. Stubbs dans la collection
du Maître des rôles : les *Annales Londinenses* ont une grande lacune
aux années 1294-1301, et les *Annales Paulini* ne sont originales qu'à
partir de 1307. — En outre, comme le Parlement s'organise définitivement sous Édouard I, et que de nouveaux fonds d'archives se rapportent à cet organisme perfectionné, il faut consulter : 1° le recueil
de brefs royaux relatifs à la convocation pour le Parlement et pour le
service militaire des chevaliers, formé par sir Francis Palgrave sous
le titre : *Parliamentary writs and writs of military summons*, dont le
tome I (1827) se rapporte au règne d'Édouard I ; 2° le recueil des brefs
royaux ordonnant la convocation du Parlement, annexé aux Rapports
sur la dignité de pair d'Angleterre (*Reports on the dignity of a Peer
of the realm*, 5 vol. qui font partie des « livres bleus » du Parlement).
Quant aux procès-verbaux officiels des séances transcrits sur les rôles
du Parlement, ils commencent, il est vrai, en 1278, mais ils ne forment
une série ininterrompue qu'à partir de 1340 : *Rotuli parliamentorum,
ut et petitiones in parliamento*, 5 vol. fol. 1770 ; le tome VI, qui contient la Table des matières, a paru en 1832; il est des plus précieux.
— Quant aux livres de seconde main, outre les histoires générales de
l'Angleterre citées plus haut, il faut lire l'*English constitutional history* de W. Stubbs, et aussi son petit volume *Early Plantagenets* ; ce
dernier est un ouvrage de vulgarisation, mais très substantiel.

    1. Citons seulement M. Stubbs, qui paraît être allé un peu loin dans
le panégyrique : *Constitutional history of England*, II, 291.

imposait, mais parfaitement conscient des droits de
la royauté, opiniâtre à les défendre, et décidé à ne
reculer devant aucun des moyens employés par son
père et son aïeul pour les conserver intacts. A partir
de 1295, lorsqu'après l'expulsion des Juifs et au
début de la guerre avec la France, il dut faire face au
soulèvement des Gallois et à la défection des Écossais, ses besoins d'argent l'entraînèrent dans des difficultés où se révélèrent l'orgueil de son pouvoir et la
duplicité de son caractère. Au parlement de Saint-
Edmundsbury (3 novembre 1296), il obtint sans beaucoup de peine un subside des seigneurs laïques et
des députés des villes ; mais le clergé qui, en 1295,
avait consenti à donner de l'argent, se retrancha derrière la bulle *Clericis laicos* récemment promulguée,
et, dans une assemblée tenue à Saint-Paul de Londres
(15-19 janvier), il déclara, malgré la présence et les
menaces de deux envoyés royaux, « qu'il ne pouvait en
ce moment trouver aucun moyen de contribuer. » Une
députation qui vint trouver le roi au château de Cas-
telacre, fut accueillie avec une froideur menaçante :
« Puisque vous ne tenez pas l'hommage et le serment
que vous me devez pour vos baronnies, » répondit
sèchement Édouard aux délégués, « je ne suis plus
tenu de rien envers vous[1] ». Et en effet il fit saisir
les biens des clercs et des religieux[2], et défendit aux

---

1. Sur le Parlement de Saint-Edmundsbury, voir Gervais de Cantorbéry, II, 314, et surtout Barthélemy de Cotton, p. 318.
2. Le 12 février, suivant Cotton, p. 320. Voyez aussi ce qui se passa
dans l'assemblée du clergé tenue à Londres le 26 mars, dans Cotton,
p. 322, et dans les *Flores historiarum*, III, 100.

tribunaux de s'occuper de leurs affaires. Le clergé était « hors la main du roi ». Un mois après, il assemble à Salisbury (24 février 1297) un Parlement où il n'appelle aucun membre du clergé [1]. Il demande aux seigneurs laïques de le suivre en Gascogne ; tous s'excusent, les uns après les autres. Roger Bigot, comte de Norfolk et maréchal, Honfroi de Bohon, comte de Hereford et sénéchal, c'est-à-dire les chefs de l'armée qu'Édouard voulait mener sur le continent, dirigent cette résistance, comme l'archevêque de Cantorbéry, Robert de Winchelsea, conduisait celle du clergé. Le roi fait alors saisir toutes les laines du royaume (23 avril) [2], et, avec l'argent qu'il en tire, il prépare une grande expédition en Flandre.

Ces mesures tyranniques pouvaient aboutir à la guerre civile. Déjà plusieurs comtes et barons avaient tenu des conférences dans la forêt de Wyre, en Marche galloise [3]. Une assemblée plus nombreuse, où assistaient, avec l'archevêque et les deux comtes, un grand nombre de barons et de chevaliers, se réunit à Londres même (30 juin) [4]. Les deux comtes, invités à faire le recensement des hommes et des chevaux disponibles pour l'expédition de Flandre (8 juillet), s'y refusèrent ; le roi leur retira leur charge et en investit

---

1. Pour le Parlement de Salisbury, voir Cotton, p. 320, Hemingburgh, II, p. 124, et Henri de Cnitthon, qui d'ailleurs ne fait ici que copier Hemingburgh (dans *Decem Scriptores*, col. 2492, et dans l'édit. Lumby, Rolls series, I, p. 330).

2. La date est donnée dans les *Flores historiarum*, III, 100.

3. *Ibid*., p. 101.

4. Cotton, p. 325. .

deux officiers de sa maison [1]. De son côté l'archevêque, poussé, disait-il, par ses évêques suffragants,
lança (16 juillet) l'ordre d'assembler son clergé pour
délibérer « sur un article important, celui des grandes
chartes des libertés et de la forêt, et sur les droits et
libertés de l'Église d'Angleterre dont il fallait imposer
au prince la confirmation et le respect [2] ». Ce langage
inquiétant émut Édouard Ier plus que l'attitude révoltée
des comtes. Dans un Parlement tenu à Londres et à
la fin de juillet [3], il « reçut l'archevêque dans sa
grâce [4] », lui restitua toute sa « baronnie » et promit
de confirmer les chartes en retour d'un subside. Les
comtes et barons accordèrent un huitième [5] et les
bourgeois des villes un cinquième de leurs biens

---

1. *Flores historiarum*, III, 101. Cf. nos *Textes*, n° XI.

2. Voyez ce bref dans les *Parliamentary writs*, I, 53. Cf. Wilkins,
Concilia, p. 226, cité par Blackstone, p. LX. « Articulus arduus, videlicet de Magnis Cartis libertatum et foreste salubriter innovandis,
et de juribus ac libertatibus ecclesie anglicane, que hactenus decide-
runt et adhuc continue decidunt in abusum, recuperandis a principe.. »

3. Cette assemblée fut convoquée à Londres « in festo S. Petri in
vincula » (1er août), selon Trevet, p. 354. Cette date ne doit pas être prise
dans un sens trop précis, car nous avons une lettre circulaire du roi,
datée de Westminster, le 30 juillet, où il annonce le subside que
viennent de voter les seigneurs laïques et les députés des villes « pro
confirmatione Magne Carte celebris memorie domini Henrici patris
nostri de libertatibus Anglie et eciam pro confirmacione carte ejusdem
patris nostri de Foresta a nobis habenda ». *Parl. writs.*, I, 53. Le Parlement s'était donc réuni au plus tard le 30 juillet.

4. Le 14 juillet, s'il faut en croire les *Flores historiarum*, III, p. 101.

5. Il n'est pas sûr que ce huitième ait été concédé, ou du moins
qu'il l'ait été régulièrement, car les comtes et leurs partisans décla-
raient à quelques jours de là, devant l'Échiquier, que le dit huitième
« par eux ne par la dite comunauté unques ne feut graunté ». Voy.
les *Transactions* de la R. histor. society, nouv. série, vol. III (1885),
p. 284.

meubles. Le jour de son départ, Édouard, monté sur
une estrade devant la grande salle de son palais,
avec son fils, l'archevêque de Cantorbéry et le comte
de Warwick, demanda pardon au peuple debout
autour de lui, avouant, avec des larmes dans les
yeux, qu'il l'avait gouverné avec moins de douceur
qu'il ne convenait à un roi, s'excusant sur les néces-
sités de la guerre et ajoutant : « Je vais m'exposer au
péril pour vous. Si je reviens, accueillez-moi comme
vous le faites aujourd'hui, et je vous rendrai tout ce
que je vous ai pris. Si je ne reviens pas, donnez la
couronne à mon fils. » L'archevêque, fondant en
larmes, jura de lui être fidèle, serment que tout le
peuple répéta, les mains étendues [1].

Pendant que le roi attendait près de Winchelsea
le moment de mettre à la voile, on répandit dans
le public un factum rédigé par les membres du Parlement et que les chroniqueurs du temps ont soigneu-
ment recueilli [2]. Ils se plaignaient d'avoir été convo-

---

1. Cette scène est contée par un des auteurs des *Flores historiarum*,
celui qui écrivait à Merton, III, 295. Les autres récits moins circon-
stanciés concordent quant au fond. Voyez *Flores historiarum*, III, p.
101, 102; Trevet, p. 358, et Rishanger, *Chronica*, p. 172 : « de exactionibus in regno factis per necessitates diversarum guerrarum »; Hemingburgh, II, 123, copié par Cnitthon, I, 366.

2. Ces doléances sont seulement analysées dans les *Flores*, III, 102.
Elles sont rapportées en latin par Trevet, p. 320, Rishanger et Walsingham ; elles sont en français dans Cotton, p. 325, moins le préambule, et dans Hemingburgh, II, p. 124, qui a été copié par Cnitthon. On
ne saurait dire si l'une des deux rédactions a été traduite sur l'autre.
Si nous en avons exactement compris le caractère, si c'est bien un
factum destiné à émouvoir le public, il ne peut être douteux que cette
pièce n'ait été mise aussitôt en français, tandis que, sans doute, on la
publiait en latin pour les clercs.

qués à l'armée dans des formes insolites ; ils affirmaient d'ailleurs qu'ils ne devaient pas le service militaire en Flandre et qu'ils seraient en outre fort empê-
chés de le faire, parce que les exactions royales avaient
épuisé leurs ressources ; enfin ils réclamaient l'observation des Chartes « dont tous les articles avaient été
violés au grand dommage du peuple » (*Textes*, nᵒ X).

Soit que ces doléances aient été présentées au roi
lui-même, soit, comme il le prétendit, qu'il n'en ait
eu connaissance que par le bruit public[1], il y répondit, le 12 août, par une circulaire adressée à tous les
shériffs, où il exposait à son tour les origines de son
différend avec les comtes, la nécessité où la guerre
l'avait mis, bien malgré lui, d'imposer de pesants
sacrifices à son peuple, « qu'il était tenu d'aimer
plus que personne, » la promesse qu'il avait faite de
confirmer et d'observer les Chartes ; il rappelait les
désordres dont le royaume avait souffert au temps de
la guerre des barons et la sentence d'excommunication lancée contre « tous ceux qui en troublent la

---

1. Hemingburgh dit formellement, II, 124, que ces doléances ont été
portées au roi : « missis ad regem nunciis, rogaverunt eum ut subscriptos articulos... emendare juberet... ». Le roi était alors « in suo
itinere apud Portesmew, quasi ad transfretandum paratus ». Il répondit aux envoyés : « Mon Conseil n'est pas ici tout entier, et je ne puis
vous répondre sans avoir pris son avis. » D'autre part, dans sa circulaire, il affirme que, des articles rédigés par les comtes, il « ne sait
rien, car rien ne lui montrèrent ni ne firent montrer ». Si ces articles
sont bien les « Articuli quos comites petierunt nomine Communitatis »
publiés plus loin, il faut admettre ou que le roi dissimule, ou que le
chroniqueur a fait quelque confusion. Une chose du moins est certaine : ces articles, comme on va le voir, furent déposés à la barre de
l'Échiquier le 22 août au matin, et à ce moment le roi les avait proba-
blement déjà.

paix » (*Textes*, n° XI). C'était une paraphrase émue et habile du discours que lui prête un chroniqueur le jour où il quitta Londres.

D'autre part, le clergé, qui s'était assemblé à Londres le 10 août, lui députa les deux évêques d'Oxford et de Rochester pour lui exposer l'impossibilité où il se trouvait de lui accorder aucun subside sans l'autorisation pontificale, et lui demander l'autorisation de lancer la sentence d'excommunication contre tous ceux qui porteraient atteinte aux biens de l'Église. Le roi refusa de laisser partir aucune ambassade auprès du pape ; il refusa également de laisser lancer cette sentence ; il déclara que les exactions dont se plaignait le clergé avaient été fort modérées ; il dit tout cela d'ailleurs d'un ton calme et modeste, demanda aux évêques leur bénédiction et les congédia [1]. A la veille de prendre la mer, il reçut du lieutenant, du trésorier et des barons de l'Échiquier une lettre [2] lui annonçant (jeudi 22 août) que les deux comtes, Robert Fils-Roger, Alain de la Zouche, Jean de Segrave, et plusieurs autres « ban-

---

1. Voyez toute cette scène dans Cotton, p. 335. Les *Flores historiarum*, III, p. 102, paraissent y faire allusion. Cotton dit qu'elle eut lieu un mercredi ; d'autre part, il rapporte qu'après avoir donné sa réponse et demandé aux évêques leur bénédiction, le roi « iter suum ad naves direxit. » On peut donc supposer que cette conférence eut lieu le mercredi 21 août. Le roi partit non pas la veille de Saint-Barthélemy (23 août), comme le disent à tort les *Flores histor.*, III, 103, mais le 24 août au plus tôt ; voy. la note 3 de la page suivante. Il était arrivé en Flandre le 28. Malgré le refus d'autoriser la sentence d'excommunication, l'archevêque la lança le 1er septembre ; les évêques n'osèrent pas tous suivre son exemple. Cotton, p. 335.

2. Publiée dans les *Transactions* de la R. histor. society, III (1885), p. 284.

nerets et bacheliers » venaient, quelques heures
auparavant [1], de se présenter à la barre de l'Échiquier et qu'en leur nom, comme au nom de toute la
communauté du royaume, « ausi bien clers come
lais », le comte de Hereford leur avait remis la liste
des doléances déjà envoyée au roi [2], et avait pro-
testé contre l'illégalité commise par l'Échiquier en
ordonnant « à l'insu du roi » de lever le huitième et
de saisir les laines du royaume. Il avait ajouté que
rien ne pouvait mettre plus un homme « en servage »
que le « rachat du sang » et d'être « taillé à volonté ».
Puis les seigneurs s'étaient retirés sans attendre la
réponse. L'Échiquier reçut, dès le lendemain, l'ordre
de passer outre à cette protestation et de lever le
huitième ; le roi consentait néanmoins à reconnaître,
et il voulait qu'on publiât dans les comtés que cet
impôt, exigé dans un moment d'urgente nécessité,
ne pourrait constituer un précédent. Quant à la
saisie des laines, il fallait aussi l'exécuter, car le roi
« devait avoir, aussi bien que toute autre personne,
le droit d'acheter des laines dans son royaume » ;
mais il voulait qu'on en payât le prix [3]. Puis il partit,
laissant derrière lui des promesses vagues que son

---

1. Les comtes et leurs amis s'étaient présentés à la barre de l'Échiquier à la « houre de tierce », et la lettre fut écrite « a houre de
noune ».

2. « Aukunes grevaunces dount il aveient fait monstrer les articles
a vous come a leur lige seignour. »

3. Voir *ibid.* les deux lettres du 23 août (de Winchelsea) et du 24
(en mer, devant Douvres). Ces textes ne sont pas imprimés très cor-
rectement, mais ils sont curieux et ajoutent plusieurs traits utiles à la
physionomie de cet épisode qui intéresse si directement l'histoire
constitutionnelle.

fils, chargé de la garde du royaume à l'âge de treize ans, allait être obligé de tenir à sa place.

Ordre fut donné en effet (5-9 septembre) d'assembler le Parlement [1], et un bref royal (15 septembre) enjoignit aux shériffs de faire élire deux chevaliers, munis des pleins pouvoirs du comté « pour recevoir les lettres royales confirmant les chartes de liberté [2] ». En même temps, les conseillers du jeune prince décidèrent qu'on tenterait de négocier avec les deux comtes et leurs partisans [3]; il y avait urgence, car les Anglais venaient d'être battus à Stirling (il sep.) et l'on pouvait craindre une invasion écossaise.

Les comtes vinrent au Parlement, mais avec 1,500 hommes d'armes et ne consentirent à entrer dans Londres qu'après s'en être fait livrer les portes [4]. Dès lors, ils étaient les maîtres, et ce n'est plus seulement la confirmation des Chartes qu'ils exigeaient. Déjà ils avaient empêché les barons de l'Échiquier de lever le huitième accordé à Édouard I, « parce qu'ils ne l'avaient pas consenti [5]. » Il leur fallait donc une garantie formelle sur ce point. Le droit au consentement de l'impôt par les membres du Parlement avait

---

1. *Dignity of a peer*, III, app. 1, p. 85.

2. *Parliamentary writs*, I, 56. Cf. Blackstone, p. LXI. Il y a dans les *Parl. writs* un grand nombre d'actes concernant l'élection des chevaliers chargés de recevoir la Grande Charte à Londres, le 6 octobre.

3. Trevet, p. 366; Hemingburgh, II, 147.

4. Hemingburgh, *ibid.*

5. « Hoc allegato de sua conscientia non emanasse, *sine quibus tayllagium non debet exigi vel imponi.* » Cette affirmation des *Flores histor.*, III, 103, est pleinement justifiée par la correspondance échangée (22-24 août) entre les barons de l'Échiquier et le roi, et que nous venons d'analyser.

été inscrit dans la Grande Charte de Jean, puis sup-
primé dans celle de Henri III. Si l'on ne voulait pas
toucher au texte d'un document tant de fois confirmé
déjà, il fallait y ajouter des clauses précises sur ce
point et sur d'autres d'égale importance. Ce qu'ils
demandèrent fut rédigé sous forme d'une pétition avec
l'approbation du roi écrite par avance, ainsi que les
barons avaient fait en 1215. C'est le fameux *Statutum
de Tallagio non concedendo* (*Textes*, n° XII) sur lequel
on a tant disputé [1]. Le prince Édouard promit tout :
par une déclaration en sept articles (*Confirmatio Cartarum* (10 octobre ; *Textes*, n° XIV), il confirma les
Chartes au nom de son père (art. 1); il annula les
jugements rendus contrairement à leur teneur (art. 2);
il ordonna qu'une expédition en serait envoyée à
chaque église cathédrale et que le texte en serait lu
deux fois devant le peuple (art. 3); il reconnut formellement que « les aides et les mises » levées sur le
peuple ne constitueraient pas un précédent (art. 5),
et qu'à l'avenir elles ne pourraient l'être « que par le
commun consentement de tout le royaume et pour
son commun profit » (art. 6). Puis, conformément à
l'article 3, l'*Inspeximus* de la Grande Charte fut pro-

---

1. Pour dire avec certitude si cette pièce mérite ou non d'être
appelée un statut, il faudrait savoir d'abord à quelles marques cer-
taines on reconnaît un ancien statut. Les raisons indiquées plus loin,
p. 87, sont seulement probables. Voyez Riess : *Geschichte des Wahl-
rechts zum englischen Parlament*, 1295-1406 (1885), p. 8-14 et *Histor.
Zeitschrift*, XXIV (1888), *initio*. Hemingburgh, II, 147, place notre
Pétition (*Articuli inserti*, etc.) après la Confirmation des Chartes, ce
qui est une erreur de date. Cotton ne contient pas le texte des *Articuli*,
mais il en résume la teneur, p. 337. Cf. *Flores historiarum*, III, 103.
Le Parlement, convoqué pour le 30 septembre, paraît s'être assemblé
seulement le 10 octobre : Hemingburgh, *loc. cit.*

mulgué sous le grand sceau de la royauté (12 octobre, *Textes*, n° XIII). Enfin ces deux actes : la *Confirmatio* et l'*Inspeximus*, furent expédiés en Flandre où le roi, après de nouvelles hésitations et « cédant à la malignité du temps [1] », les ratifia (4 novembre). En même temps, amnistie pleine et entière était accordée aux comtes qui reprenaient leurs dignités [2].

Quand Édouard Ier fut rentré dans son royaume (14 mars 1298), les difficultés recommencèrent. On savait qu'il n'avait cédé qu'à contre-cœur : il ne s'était pas engagé directement lui-même ; il avait seulement ratifié les engagements pris par son fils, un enfant de treize ans ; il avait scellé cette ratification de son sceau privé, car le grand sceau ne l'avait pas suivi en terre étrangère. Pour les légistes retors d'Édouard Ier, il y avait là des moyens de chicane contre lesquels il était sage de se prémunir [3]. On voulait que le roi confirmât les chartes en personne [4] ; il promit de le faire quand il serait rentré à Londres, après avoir soumis les Écossais. Victorieux à Falkirk (22 juillet), il essaya d'éluder cette promesse. Au Parlement assemblé à Londres (mars 1299) [5], le comte de

---

1. Trevet, p. 368.
2. Cf. Blackstone, LXII.
3. Au Parlement d'York (janv. 1298) les Grands refusèrent de partir contre les Écossais si on ne lisait pas en public les chartes et les sept articles de la confirmation. Hemingburgh, II, 156.
4. Trevet, p. 370 : « quia confirmatio Chartarum fuerat facta in terra aliena, petiverunt eas ad majorem securitatem iterum confirmari. »
5. Pour l'histoire de ce Parlement, voyez Hemingburgh, II, 182 ; Trevet, 375, et Rishanger, *Chronica*, p. 190. Il y a aux archives capitulaires de Cantorbéry une liste de doléances présentées dans ce Par-

Hereford et le comte-maréchal soulevèrent un grand
débat « au sujet de la confirmation de la Grande
Charte que le roi lui-même avait tant de fois promis
de renouveler et de compléter ». Le roi tergiversa ;
puis, pressé par beaucoup de gens, il remit sa
réponse au lendemain. Le lendemain, il était parti !
Les Grands coururent après lui et le rejoignirent ; il
s'excusa en disant qu'il allait chercher un air plus
salubre, et que d'ailleurs son conseil leur répondrait.
Cette réponse fut que le roi confirmerait tout, sous
la réserve expresse des droits de sa couronne (*salvo
jure corone nostre*). Les Grands mécontents quit-
tèrent alors le Parlement, ce qui pouvait passer pour
une déclaration de guerre[1]. Devant cette menace, le
le roi se résigna ; il envoya aux shériffs, avec une
apologie de sa conduite (*Statutum de finibus levatis*,
2 avril 1299), l'ordre de faire observer les chartes[2] et

---

lement au roi par le clergé de la province ; elle a été analysée par
M. Sheppard dans le 5e rapport de la *R. Commission on histor. mss.*,
p. 431.

1. Légalement, les membres du Parlement ne pouvaient se retirer
qu'après en avoir obtenu « licence ».

2. Blackstone, *Magna Carta*, LXVIII.

Le *Statutum de finibus levatis* (2 avril 1299) se trouve transcrit au
rôle des statuts, conservé à la Tour de Londres, et aujourd'hui à
P. Record office. Il y en a aussi, dans les Cotton charters, VII, 11,
une copie, scellée du grand sceau, qui a été adressée aux shériffs de
Londres ; elle porte en effet cette mention : « Examinetur per cives
London. » Cf. *Statutes of the realm*, I, 126. Nous en donnons ici seulement la première partie :

Cum nuper, ante transfretacionem nostram in Flandriam, apud
Westmonasterium nos, habentes respectum ad grata servicia, misas et
expensas que populus regni nostri [frequenter] fecerat et sustinuerat
diversis modis pro nobis, tam tempore pacis quam guerre, habuisse-
mus non modicam voluntatem et desiderium populum ipsum respicere
prout tunc temporis potuimus, concessimus eidem populo de nostra

il chargea un comité de 3 évêques, 3 comtes et

propria voluntate, pro nobis et heredibus nostris, quod Magna Carta
de libertatibus observetur in omnibus punctis suis, et similiter Carta
de foresta servetur, salvis tamen juramento nostro, jure corone nostre,
et racionibus nostris ac eciam aliorum; que quidem per venerabilem
patrem R. archiepiscopum Cantuarie ex parte nostra et in nostra
presencia tunc pronunciari fecimus; et deinde apud Odimere, in ipso
passagio nostro in Flandriam eandem concessionem sub sigillo nostro
observari precipiendo mandavimus et teneri per totum regnum nostrum in quolibet comitatu. Et quia a tempore illo citra per artacionem
et districcionem guerrarum eramus occupati multipliciter et distracti
in diversis patriis et longinquis, propter quod scire nequivimus statum
regni nostri, nos, diebus istis quatenus nobis vacat, nostram conti-
nuantes primariam voluntatem, habuimus deliberacionem super concessione nostra predicta; et, ad honorem Dei et sancte matris Ecclesie
ac commodum tocius populi regni nostri, volumus quod predicta
Magna Carta de libertatibus observetur in omnibus punctis suis, et
carta eciam de Foresta, secundum subscriptos articulos qui sunt tales :
    Le statut reproduit alors intégralement la charte de la forêt depuis :
« Inquisicio vel visus de expeditacione canum » .....jusqu'à : « presen-
tentur capitali forestario nostro cum in partes illas venerit ad tenendum placita foreste, et coram eo terminentur. »
    Le statut reprend alors et continue ainsi :
    Quos autem articulos suprascriptos firmiter et inviolabiliter obser-
vari volumus et teneri, volentes nichilominus quod perambulatio fiat ;
salvis semper juramento nostro, jure corone nostre, et racionibus
nostris atque calumpniis ac omnium aliorum ; ita quod perambulatio
illa nobis reportetur antequam aliqua execucio vel aliquid aliud inde
fiat ; quam quidem perambulacionem volumus quod fiat, sicut predi-
citur, ad cicius quod fieri poterit, post negocia que habemus expe-
dienda cum nunciis qui de Romana curia sunt venturi ; que vero ita
sunt ardua, quod non solum nos et regnum nostrum, set totam Chris-
tianitatem contingunt, et ad ea sanius pertractanda totum consilium
nostrum habere plenarie indigemus.
    Et preter concessionem nostram, factam sicut superius exprimitur
de premissis, diligenti meditacione pensavimus quosdam juris defec-
tus, multimoda gravamina et oppressiones que pluribus aliis modis
prefato populo sunt illata temporibus retroactis ; et volumus super
illis que nobis occurrebant ad presens, ad allevacionem et commodi-
tatem ejusdem populi, pro legis certitudine stabilire et remedium
apponere in hunc modum.
    Suit la seconde partie du statut, à laquelle seule convient le titre que
les éditeurs modernes lui ont donné de *Statutum de finibus levatis.*

3 barons de faire une chevauchée des forêts [1]. Enfin, dans le Parlement rappelé, il accéda aux vœux des Grands et leur accorda tout [2]. Encore fit-il traîner l'affaire pendant une année [3]. C'est seulement en mars 1300 qu'il renouvela la confirmation des chartes [4]. Il publia (6 mars) le statut qui les complétait; c'est celui qu'on désigne à l'ordinaire sous le titre d'*Articuli super Cartas* (*Textes*, n° XV). Il manda aux shériffs (27 mars) de faire élire dans chaque comté trois chevaliers ou autres hommes libres « des plus honnêtes, loyaux et sages », pour juger en dernier ressort toutes les violations commises contre les chartes [5]. Enfin, un nouvel *Inspeximus*, identique, sauf la date et le nom des témoins, à celui de 1297, fut envoyé aux shériffs (28 mars) avec ordre de surveiller l'exécution des chartes [6]; on leur expédia également (15 avril) une copie des articles additionnels [7]. L'année suivante, au Parlement de

---

1. Trevet, p. 375.

2. « Absolute, » disent Trevet et Rishanger; « quasi omnia, » dit Hemingburgh, II, 182. Sur cette seconde séance, voir encore Rishanger : *Annales Anglie et Scocie*, p. 391.

3. Sur le Parlement d'York (11 nov. 1299), voir Hemingburgh, II, 186.

4. Au Parlement de Westminster. Voy. *Flores histor.*, III, 109, 303 ; Hemingburgh, II, 186 ; Trevet, p. 377. Voyez dans nos *Textes*, n° XVI, une autre confirmation du 14 février 1301.

5. Voyez cette charte dans Blackstone, *Magna Carta*, p. LXIX ; dans les *Reports on the Dignity of a peer*, III, app. 1, p. 120; dans les *Parliamentary writs*, I, 87.

6. La charte de la forêt fut en effet vidimée en même temps.

7. Blackstone, p. LXX et p. LXXI (10 mai); cf. *Parliamentary writs*, I, 87. Sur la chevauchée des forêts, voir Blackstone, p. LXXI (acte du 1er avril 1300) et p. LXXII (acte du 14 février 1301); *Parliamentary writs*, I, 88-90; Trevet, 379; Hemingburgh, II, 188.

Lincoln (janvier 1301), le premier article de la pétition adressée au roi fut « ke les deus chartres de la
franchise et de la foreste en touz lour pointz enti-
rement de cest oure en avant soient tenuz[1] ». Ce
précédent fit fortune : désormais, et pendant tout le
XIV° siècle au moins, la plupart des Parlements
commencèrent ainsi et le consentement exprès du
du roi (*Placet* ; *il plet au roy*) fut soigneusement noté
sur les rôles. La précaution n'était pas vaine : on le
vit quand Édouard, en paix enfin avec la France et
l'Écosse, eut demandé et obtenu du pape Clément V
l'absolution de tous ses serments et l'annulation des
chartes (1305, 29 déc. *Textes*, n° XVII[2]). Le meilleur
roi du XIII° siècle avait donc fait comme le pire ;
comme Jean-sans-Terre, Édouard I°° avait reconnu
qu'il avait « volontairement et spontanément » concédé la Grande Charte ; au fond ils ne crurent jamais
ni l'un ni l'autre avoir abdiqué la moindre parcelle de
leur autorité. Ce malentendu persista tant que dura
l'ancien régime de la Royauté, c'est-à-dire jusqu'à la
fin du XVII° siècle.

§ V.

L'histoire de la Grande Charte n'est pas finie avec
le règne d'Édouard I°°, car elle a, tant au moyen âge
qu'à l'époque moderne, subi d'importantes vicissi-

---

1. *Parliamentary writs*, I, 104 ; Blackstone, p. LXXIV.
2. Le 27 mai 1306, le roi révoqua la déforestation accordée précé-
demment. Blackstone, LXXV.

tudes, et elle est encore partiellement en vigueur aujourd'hui. Il suffira d'indiquer brièvement les principales luttes auxquelles elle a donné lieu[1].

Comme on l'a vu plus haut, le Parlement a souvent demandé et obtenu la confirmation de la Grande Charte. Sir Edward Coke a compté[2] que le fait se produisit 15 fois sous Édouard III, 8 fois sous

---

1. On serait tenté de chercher des renseignements sur l'histoire de nos Chartes dans les jurisconsultes qui, de Bracton à Littleton, ont exposé avec tant de détails la loi commune de l'Angleterre ; mais ils ne s'occupent guère que du droit privé. Les théologiens sont peut-être moins vides. Les prélats anglais ont joué un rôle si prépondérant dans l'élaboration, la défense et l'extension des Chartes, que la législation canonique propre à l'Angleterre a dû garder la trace de leurs luttes, de leurs décisions synodales. La sentence d'excommunication, tant de fois fulminée contre ceux qui violeraient les Chartes, ne pouvait manquer d'inquiéter les consciences. On en a la preuve dans un traité sur les sept sacrements et sur les dix commandements de Dieu, composé vers la fin du xive siècle par Jean « de Burgo », chancelier de l'université de Cambridge, et curé de Collingham, traité fort souvent copié au moyen âge, imprimé de très bonne heure (pour la première fois en 1510) et depuis longtemps oublié. Il est intitulé *Pupilla oculi;* l'auteur déclare à plusieurs reprises qu'il s'est fréquemment servi d'un traité antérieur, que les catalogues de mss. confondent souvent avec le sien et qui est intitulé : *Oculus sacerdotis;* l'auteur de ce dernier paraît être Guillaume « de Pagula » (de Pagham), carme, qui fut évêque de Meath, de 1327 à 1349. Dans la *Pupilla oculi*, 5e partie, ch. 21, l'auteur parle « de casibus in quibus excommunicacio incurritur per constitutiones legatorum et statuta provincialia », et au chap. 22 « de sententia lata super Magnam Cartam et Cartam de Foresta Anglie ». Il reproduit le texte de la sentence prononcée en 1253 par l'archevêque Boniface de Savoie ; puis il résume les deux Chartes, et il termine par ces mots très significatifs : « Hos articulos ignorare non debent quibus incumbit confessiones audire infra provinciam Cantuariensem » (édit. de Paris, 1514, non paginée ni foliotée). L'importance historique de cet avertissement n'échappera à personne.

2. Coke, *Institutes*, II (1797), p. 1. Comparez la *Parliamentary history* de Cobbet (Hansard), tome I (qui va de 1066 à 1625) et surtout les Rôles même du Parlement. Table, tome VI, v° *Charter of liberties.*

Richard II, 6 fois sous Henri IV, 1 fois sous Henri V; et qu'en résumé, la Grande Charte et celle de la forêt ont été établies, confirmées ou promulguées expressément par 32 actes du Parlement. Ces chiffres peuvent être tenus pour exacts ; ils montrent le prix que la nation attachait à ces confirmations réitérées ; mais aussi le peu de cas que les rois en faisaient. A partir de Henri VI et jusqu'aux Stuarts, il n'en est plus question. C'est l'époque en effet où la Royauté, élevant son pouvoir sur les ruines de l'ancienne aristocratie décimée par la guerre des Deux Roses et du clergé officiel déconsidéré par les attaques des Lollards et Wiclifistes, fit enfin triompher l'absolutisme tenu jusqu'alors en échec par les franchises des deux classes privilégiées. Cette évolution s'opéra avec le consentement tacite ou avoué de la nation qui, se transformant sous la main de ses rois, ne les chicanait pas sur les limites de leur autorité. Le Parlement approuva docilement les coups d'état politiques et religieux du xv* et du xvi* siècle, et la Grande Charte resta dans l'ombre.

La situation changea brusquement sous les Stuarts qui prétendaient s'appuyer sur un droit nouveau : le droit divin. Quand Jacques I*r émit la prétention de lever de nouveaux impôts sans le consentement du Parlement, c'est la Grande Charte et le *Statutum de tallagio non concedendo* sur lesquels on argumenta, soit dans les cours de justice, comme dans le procès[1] de

---

1. Sur ce procès, voyez S. R. Gardiner : *History of England*, II, 6, 8 (il renvoie à *State trials*, II, 404) et *Student's history of England*, p. 484.

Bate, soit au Parlement, comme en 1610[1], en 1624[2], en 1626[3] et surtout en 1628[4]. Les débats qui précédèrent la *Petition of right* et où se distinguèrent les deux plus savants jurisconsultes de l'époque, Selden et Coke, obligèrent le roi à reconnaître que la « Grande Charte et six autres statuts allégués en faveur de la liberté individuelle étaient toujours en vigueur », et d'affirmer « qu'il maintiendrait ses sujets dans la juste liberté de leurs personnes et sécurité de leurs biens, qu'il gouvernerait selon les lois et statuts de ce royaume ». Un membre de la Chambre des Communes, sir Benjamin Rudyard, après avoir entendu cette déclaration, s'écria « qu'il était heureux de voir cette bonne vieille Grande Charte, qui avait gardé le lit pendant si longtemps, recommencer à sortir, toute ragaillardie[5] ». Le roi aurait voulu se contenter d'une simple déclaration verbale; mais Coke, soutenu par John Elliot, fit décider que le bill serait rédigé par écrit[6]. Ce fut la « Pétition des droits », que le roi

---

1. Voy. les *Parliamentary debates in 1610* publiés par S. R. Gardiner pour la Camden society, 1862.

2. *Parliamentary history* (1762), VI, 148; et *Journals of the House of Commons*, I, 759, 760.

3. *Parliamentary history* (1762), VII, 325, 327; et le discours de Pym au sujet de la mise en accusation (impeachment) de Buckingham, dans Rushworth, *Historical collections*, 1re partie, p. 342.

4. *Parliamentary history* (1762), VII, 371, 408-427; VIII, 7, 9, 59; *Journals of the House of Commons*, I, 952. Rushworth, *ibid.*, 535, 552, 555.

5. « To see that the old decrepite law Magna Charta, which hath been so long kept and lien bed-rid as it were, I shall be glad to see it walk abroad again with a new vigour. » Rushworth, *Hist. Coll.*, p. 558.

6. « Was ever a verbal declaracion of the king verbum regui? » demanda Coke. *Ibid.*, p. 564. Cf. l'opinion de Selden, p. 569.

ratifia solennellement dans les mêmes circonstances
et avec les mêmes réserves que ses prédécesseurs du
xiii° siècle. Ces réserves, c'est le principal conseiller
de Charles I°°, Laud, qui les exprima en rappelant le
salvo jure coronae nostrae d'Édouard I°° [1].

Dans la Pétition des droits, l'acte informe de 1297
sur la Taille royale, fut expressément désigné comme
un statut [2]. Cette décision, si importante au point de
vue juridique, suscita d'ardentes controverses lors
du fameux procès de Hampden devant les juges de
l'Échiquier (1637-1638) [3]. Tandis que l'avocat de
Hampden, Olivier Saint-John, s'efforçait de prouver
qu. 'e statut était contenu en substance dans la
Grande Charte de Jean-sans-Terre, l'attorney général s'emparait habilement de la différence que pré-
sentait la rédaction des chartes, pour nier que ce fût
un statut, en fait et en droit. L'art. 12 de la Grande
Charte de 1215 avait disparu dans celle de 1225 et
dans les nombreuses confirmations postérieures, et
pourquoi ? « Parce qu'il tranchait trop au vif dans la
prérogative du roi et de la couronne [4]. » Hampden,
comme on sait, perdit son procès devant les juges et

1. Gardiner : *History of England*, VI, 260-264.
2. Whereas it is declared and enacted by a statute made in the time
of the reign of king Edward I, commonly called *Statutum de tallagio
non concedendo*, etc. Stubbs, *Select Charters*, p. 515.
3. Voyez ce procès dans Hargrave : *State trials*, et dans Gardiner :
Hist. of England, tome VIII, p. 272 et suiv. ; les autres renvois à la
Table générale (tome X).
4. Rushworth, *Historical collections*, 2° partie, p. 578. Comparez
le discours du Speaker de la Chambre des communes le 16 avril 1640 ;
ibid., p. 1127. A lire aussi les débats relatifs à la charte de la forêt en
nov. 1640 et en mars 1641 dans *Parliamentary history*, IX, 105, 233.

le gagna devant l'opinion. Peu après, la guerre civile
éclata; une des premières mesures prises par le
Long-Parlement fut de décréter (12 mai 1641) que
l'héritier de sir Edward Coke « ferait imprimer et
publier le commentaire sur la Grande Charte, selon
les intentions dudit E. Coke [1] ».

Après la défaite de la royauté et quand, soit en
fait, soit en droit, Cromwell fut devenu le maître, la
Grande Charte fut encore plus d'une fois alléguée;
on l'invoqua pour protester contre le despotisme
nouveau, et chose curieuse, mais qui surprendra
seulement ceux qui n'ont jamais vécu en temps de
révolution, on voit se placer sous sa protection des
hommes qui l'avaient déjà inutilement opposée aux
Stuarts; ainsi le lieutenant-colonel John Lilburne,
alors prisonnier à la Tour de Londres, prétendit
extraire « la moelle et l'âme même de la Grande
Charte et des autres statuts » pour préserver les
libertés et les propriétés du peuple [2]; ainsi encore
W. Prynne refusa, au nom de cette charte, de payer
une taxe votée par la Chambre des Communes, et

---

1. Art. Coke dans le *Dictionary of national biography*. La 1re édition de la 1re partie de ses *Institutes* (Commentaire sur les Tenures de
Littelton) parut en 1628; *en ce moment il avait déjà terminé la
2e partie, qui contient le commentaire de la Grande Charte*; elle parut
seulement en 1642; la 3e, en 1644.

2. *The people's prerogative and priviledges asserted and vindicated
(against all tyranny whatsoever), by law and reason. Being a collection
of the marrow and soule of Magna Charta and of all the most princi-
pall statutes made ever since to this present yeare 1647; for the pre-
servation of the peoples liberties and properties.....* Plaquette de
76 pages imprimée en caractères très serrés. Le « proeme » est daté
du 6 février 1647, ce qui donne à cette plaquette la date de 1648 n. st.

qu'il tenait pour illégale [1]. Ou bien c'est Jenkins qui y puisait ses principaux arguments en écrivant sa *Lex terrae* pour défendre les droits de la royauté contre le Parlement [2]. Cromwell ne s'en émut guère et ne dissimula pas son dédain pour l'acte de Runnymead quand il parut le gêner [3].

Un des premiers actes du roi restauré fut d'abolir ce qui subsistait encore du régime féodal. Cet acte, daté de la douzième année du règne de Charles II, c'est-à-dire de 1660, annulait un grand nombre d'ar-

---

1. *A legall vindication of the liberties of England*, 1649.

2. On peut signaler également une sorte de parodie satirique de la Grande Charte, parue en 1648 sous ce titre, que nous reproduisons en entier, car il suffit à caractériser l'ouvrage : *A new Magna Charta, enacted and confirmed by the high and mighty States, the remainder of the Lords and Commons now sitting at Westminster in empty Parliament, under the command and wardship of sir Thomas Fairfax, lieutenant-general Cromwell (our present soveraigne lord the king, now residing at his royall pallace at White hall) and prince Ireton his sonne, and the army under their command. Containing the many new, large and ample liberties, customes and franchises of late freely granted and confirmed to our soveraigne lord King Charles, his heirs and successors, the Church and State of England and Ireland and all the freemen and free borne people of the same.* Et comme épigraphe, cette citation : « New Charta, cap. 29 : Omni vendemus, omni negabimus aut differemus justitiam vel rectum. » Comparez l'art. 29 de la Grande Charte de 1225, *in fine*.

3. Voyez dans L. Echard : *History of England*, 3ᵉ édit., p. 718 (la 1ʳᵉ édition est de 1707) l'anecdote, si elle est bien authentique, de cet ami de Cromwell, Cony, qui refusa de payer, comme étant illégale, une taxe imposée à la cité par l'unique autorité de Cromwell, et qui, pour ce fait, fut envoyé en prison et détenu illégalement. Quand les juges alléguèrent « humblement » la Grande Charte et la Pétition des droits, il « tourna ces lois en ridicule en termes trop grossiers et scandaleux pour que l'histoire les rapporte ». — Voyez aussi dans le tome V des Rapports de la *Commission on historical mss.*, p. 163, une lettre du 12 avril 1657 où l'on raconte une séance de la Chambre, et où se trouve résumé un discours du maître des rôles, Lenthall, opposant la Grande Charte aux prétentions de Cromwell à la couronne.

ticles de la Grande Charte, mais sans toucher à ceux qui présentaient le plus d'intérêt politique ; aussi, quand les seconds Stuarts eurent montré qu'ils voulaient gouverner dans le même esprit que les premiers, les discussions sur cette charte reprirent-elles passionnément, mais avec un caractère historique plutôt que juridique. Inutile de s'arrêter à certains écrits de circonstance où l'on essaya de populariser les commentaires de Coke[1]. Dans le même temps, William Pettyt ayant publié un pamphlet sur « l'Ancien droit des Communes d'Angleterre[2] », le docteur Robert Brady, garde des archives de la Tour de Londres et royaliste déclaré, lui décocha une véhémente réplique (1683)[3], qui devint la 1re partie de l'introduction au tome I (et unique) de sa grande Histoire d'Angleterre[4]. Il s'efforça de prouver que toutes les libertés dont jouissait le peuple anglais étaient un pur don de la royauté, que la Grande Charte ne saurait, comme l'avait avancé Coke, passer pour être « le fondement principal des lois d'Angleterre », car ce n'était pas pour les Anglais qu'elle avait été faite, mais seulement pour un petit nombre

---

1. *Magna Charta... with some short, but necessary, observations from the lord Chief-Justice Coke's comments upon it ; faithfully translated for the benefit of those who do not understand the latine ;* par Edw. Coke, 1680. L'auteur dit qu'on parle beaucoup de la Grande Charte sans la connaître ; c'est pourquoi il en donne une traduction anglaise avec un commentaire, qui est sobre, mais non inutile.

2. *The antient right of the Commons of England asserted.*

3. *A full and clear answer to a book written by William Petit, esq. intituled* « The rights of the Commons asserted ».

4. *A complete history of England* (1685). Le tome I ne dépasse pas l'année 1216.

de barons normands désireux d'affaiblir la rigueur
des obligations féodales, et de quelques prélats,
aussi d'origine normande, empressés à secouer le
joug du pouvoir séculier. Tyrrell[1] n'eut pas de peine
à réfuter cet imprudent paradoxe.

Dans l'intervalle, un fait décisif s'était produit qui
enlevait désormais presque toute importance pratique à ces querelles d'érudit : Jacques II avait été
renversé et la *Déclaration des droits*, imposée à l'usurpateur par le Parlement, confirmait implicitement les
principes mêmes sur lesquels reposait la Grande
Charte[2]. Cependant les évènements de 1689 qui, à
distance, nous paraissent un point tournant décisif
dans l'histoire d'Angleterre, avaient besoin d'être
justifiés aux yeux des contemporains. Burnet, l'ami,
le conseiller intime des nouveaux souverains, y travailla résolument : pour prouver la légitimité de
Guillaume III, il n'hésita pas à invoquer le droit à
l'insurrection inscrit dans l'acte de Runnymead.
Dans sa fameuse « Lettre pastorale[3] » où il essayait
de convertir les membres du clergé hostiles à la
Révolution, et ils étaient nombreux, il déclara qu'il
avait entre les mains l'original même des « Articles
de la Grande Charte », scellé du grand sceau de Jean-

---

1. Dans *General history of England*, 5 vol. fol., 1697-1704 ; introduction au tome II, 1re partie, et tome III, appendice 1.
2. Voyez surtout les articles 1-13 du *Bill of rights*, dans Stubbs,
Select charters, p. 524.
3. Datée du 15 mai 1689. Elle fut plus tard brûlée par ordre du
Parlement qui trouva injurieux pour son autorité certains passages où
Burnet, invoquant sans cesse le fait contre le droit, insistait trop
vivement sur le « droit de conquête ».

sans-Terre [1]; déclaration qui souleva un grand émoi, car, à cette époque où l'on ne connaissait encore aucun exemplaire original de la Grande Charte de Jean [2], on pouvait refuser toute valeur légale aux transcriptions où se trouvait l'article 61 de cette charte; il n'était plus permis de douter maintenant qu'un roi d'Angleterre eût subi cette humiliation d'accorder à ses sujets le droit de s'insurger légalement contre lui. Les gens du XIII° siècle n'y avaient vu qu'une garantie contre un roi parjure, garantie qui disparut dès que Jean fut mort; il paraissait aux yeux du trop subtil avocat de Guillaume et Marie comme une preuve des droits supérieurs de la nation. Les faibles arguments mis en œuvre par l'évêque de Salisbury pour prouver non la légitimité, mais la légalité d'un coup d'état illégal au premier chef, pouvaient être aisément réfutés et le furent, en effet, par un pasteur de campagne (M. Lawthorp) [3]; mais le bruit fait par ces pamphlets s'apaisa peu à peu [4]

---

1. « That the original articles of the Magna Charta granted by king John is now in my hands, with his great seal with it. » Ce sont les « Capitula que Barones petunt... » publiés plus loin, *Textes*, n° V.

2. Brady n'en connaissait pas. L'auteur, à moitié anonyme, d'un pamphlet qu'il convient de rapprocher de la Lettre pastorale de Burnet et de la Réponse de Lawthorp (voy. la note suivante), le dit encore expressément. Voyez les *Reflections upon the opinions of some modern divines concerning the nature of government in general and that of England in particular*, 1689. L'auteur est P. Allix.

3. *A letter to the Bishop of Sarum; being an answer to his Lordships Pastoral letter*, 1690 (la lettre est datée du 30 août 1689).

4. Il suffira de mentionner en note *The confutation of the ballancing letter*, dont la seconde partie (Londres 1700) contient *an occasional discourse in vindication of Magna Charta*. Cette seconde partie a été aussi publiée à part : *A vindication of Magna Charta, as the summary of english rights and liberties*. Londres, 1702.

en présence du triomphe de la Révolution, que la défaite de la France, alliée aux Stuarts, rendit bientôt irrévocable.

Au xviii° siècle, sans nous laisser arrêter par les noms et les œuvres de Care[1], d'Acherley[2], de Carte[3], de Bolingbroke[4], etc., il faut se rappeler que l'illustre philosophe, économiste et historien D. Hume a donné pour ainsi dire la formule selon laquelle les historiens postérieurs ont parlé de la Grande Charte[5]; il faut surtout citer l'auteur des Commentaires sur la loi anglaise, qui sont demeurés classiques, sir William Blackstone. C'est à lui qu'on doit la première édition critique de la Grande Charte[6],

---

1. *English liberties, or the free-born subject's inheritance, containing Magna Charta, Charta de foresta, the statute De tallagio non concedendo.....* Quatrième édition continuée et augmentée par W. N[elson], 1719. Care donne une traduction anglaise (incomplète) de la Grande Charte de 12!.3 avec quelques commentaires

2. *The britannic constitution*, 1717. Acherley publie le texte de la Grande Charte (sans doute d'après un original de la Cottonienne) et une traduction en regard, afin de prouver « le contrat originel passé entre le roi et le peuple, contrat qui est la base même de la Constitution anglaise ». Page 214.

3. *History of England*, I (1747), p. 833. Carte reprend jusqu'à un certain point les idées de Brady.

4. *Remarks on the history of England*, by the R. H. Henry Saint-John, viscount Bolingbroke (1743) ; ces remarques sont données sous forme de lettres, qui sont au nombre de 24. Voir surtout la lettre 4.

5. *History of England*, I (1762), p. 387-389. Goldsmith, comme on sait, procède directement de Hume, tout en se donnant des airs d'indépendance ; ce qu'il dit de la Grande Charte (*The history of England*, I [1771], p. 332) est presque littéralement emprunté à Hume. Cf. Robert Henry : *The history of great Britain*, III (1777), p. 370-385 ; IV (1781), 351-377. En appendice à ce vol., Henry donne d'après Blackstone, le texte de la Grande Charte de 1215 avec une traduction en anglais ; l'analyse qu'il en donne est faite avec un soin méritoire.

6. *The great Charter and charter of the forest*. Oxford, 1759, in-4°.

édition qui est un modèle de conscience et de précision; on n'a pas fait mieux depuis, et il serait difficile
de mieux faire.

Depuis, on peut dire que la paix a régné dans un
domaine où s'étaient élevées de si ardentes controverses. Sans doute, les Anglais ont cru bon, de
temps à autre, de rappeler à leurs compatriotes
l'existence de l'acte qui était le fondement de leurs
libertés écrites, leur « bible politique »[1], de leur en
raconter l'histoire, ou la légende, sur les tons parfois
les moins attendus. On ne s'est pas contenté, en
effet, d'en donner quelques éditions nouvelles, dont
une seule, celle qui se trouve parmi les « Statuts du
royaume d'Angleterre », possède un mérite vrai-
ment scientifique; on a encore transporté sur la
scène l'épisode de Runnymead[2]; on l'a chanté sur
le mode lyrique[3]; on a été jusqu'à le mettre en

Cette édition a été reproduite avec moins de luxe dans ses *Tracts,
chiefly relating to the antiquities and laws of England*. Oxford,
3ᵉ édit., 1771, 5ᵉ et 6ᵉ parties.

1. Voyez par exemple les discours de lord Chatham à la Chambre
des lords, en janv. 1770 (v. st.), sur l'élection de Wilkes et sur la
situation intérieure de la monarchie : « the constitution has its politi-
cal bible... Magna Charta, the Petition of rights and the Bill of rights
form that Code, which I call the Bible of the english constitution. »
Anecdotes of the life of W. Pitt (par Almon), 1792, II, 16, 18, 30.

2. *Runnamede, a tragedy* (par le Rev. John Logan). Édimbourg,
1783. — *Runnymede, or the Magna Charta; an historical tragedy* (en
cinq actes et en vers), par A. B. Richards, Londres, 1846.

3. *The plaints of Runnymed; a poem in honor of those gallant
spirits who opposed the tyranny of king John*, York [1775]. C'est une
imprécation lancée par la « nymphe de Runny-mead » contre les
Bretons dégénérés qui, oubliant les vertus de leurs ancêtres, et
qu'ils avaient autrefois conquis la liberté, consentent maintenant à
vivre en esclavage sous la tyrannie de Jean-sans-Terre. On était, en
1775, sous le ministère North qui représentait la politique personnelle
de Georges III.

musique[1]! Du moins les passions se sont amorties et la Grande Charte est, depuis un siècle, entrée dans la sérénité de l'histoire.

Il serait intéressant de suivre la Grande Charte à l'étranger et de rechercher, non sans doute l'influence qu'elle a pu exercer sur la législation des peuples continentaux, mais les jugements auxquels elle a donné lieu ; on apprendrait ainsi à connaître ce qu'on a pensé des institutions anglaises hors de l'Angleterre ; mais ce serait élargir à l'excès les limites de cette étude qui doit se borner à noter les points essentiels à l'histoire de la Charte. Cependant il n'est pas inutile de constater qu'en France on paraît s'en être occupé très tardivement. A. Duchesne, dans son *Histoire générale d'Angleterre* (1614), n'en cite même pas le nom. Le P. d'Orléans paraît être le premier à parler chez nous de « cet acte qu'on appelle la Grande Charte, célèbre écueil de l'autorité royale et source des mouvements populaires qui agitent si souvent l'Angleterre[2] ». Son ouvrage et celui de Paul Rapin de Thoyras[3] sont les sources où nos Philosophes ont puisé ce qu'ils ont dit des révolutions anglaises au XIII° siècle ; encore

---

1. *An entirely new and original old english opera in three acts entitled : Magna Charta or a romance of Runnymede.* Written by M. A. Oxon ; composed by Fred. Dean. Lancastre [1887]. La « signature » de la charte occupe une place très importante dans le 3° acte. On nous excusera de ne rien dire de la musique.

2. *Histoire des révolutions d'Angleterre depuis le commencement de la monarchie*, 3 vol. Paris, Cl. Barbin, 1693. Voy. I, 332.

3. *Histoire d'Angleterre*, 5 vol. La Haye, 1726. Voy. II, 281. Rapin publie à la fin du règne de Jean (II, 293-304) une traduction française de la Grande Charte et de celle de la forêt.

sont-ils peu nombreux. Ni Montesquieu, ni Diderot,
ni Rousseau ne s'inquiètent de l'acte de Runnymead.
Voltaire le mentionne, mais en passant[1]. Le reste
ne vaut pas l'honneur d'être cité. C'est seulement au
xix° siècle, sous la puissante et féconde impulsion
donnée aux études d'histoire parlementaire par
Guizot, que l'on s'occupa sérieusement chez nous
des institutions anglaises; cependant, sauf un seul
ouvrage peut-être (encore est-ce un ouvrage de pure
vulgarisation), qu'on trouvera indiqué plus loin, la
Grande Charte n'a pas été l'objet d'études particulières. La présente publication a pour but d'attirer
l'attention sur elle et d'en faciliter l'intelligence par
le rapprochement des textes les plus importants qui
la concernent.

§ VI.

Bien que la Charte de la Forêt ait fait moins parler
d'elle et que son histoire soit moins dramatique, on ne
peut cependant la passer entièrement sous silence.
Étroitement liée par les textes aux destinées de la
Grande Charte, elle a eu cependant ses destinées
propres qu'il convient d'esquisser.

L'existence d'une législation particulière aux forêts
est un fait relativement récent dans l'histoire des
institutions anglaises. Il n'y en a pas de traces cer-
taines à l'époque anglo-saxonne. Les « Constitutiones
de Foresta » attribuées à Cnut le Grand sont d'une

---

1. Dans ses *Lettres philosophiques* (sur les Anglais); lettre IX.
Éd. Moland, XXII, 407, et dans son *Essai sur les mœurs*, *ibid.*, XI,
423.

authenticité plus que douteuse [1]. On n'en a pas de manuscrits anciens ; le texte en a été publié d'abord par Manwood [2] et par Spelman ; c'est surtout d'après le *Glossarium archaiologicum* de ce dernier qu'on les connaît. Lors même qu'avec Kemble [3] on les tiendrait pour authentiques quant au fond, il est impossible de nier qu'elles aient été remaniées et interpolées dans de fortes proportions. Telles que nous les avons, elles paraissent plutôt l'œuvre personnelle d'un compilateur anonyme, comme le *Quadripartitus*, rédigé sans doute à la même époque [4] ; mais tandis qu'on peut apprécier l'exactitude du travail produit par le traducteur du *Quadripartitus*, nous ne possédons, pour la constitution attribuée à Cnut, aucun élément de comparaison. Il est vraisemblable qu'elle reproduit un état de choses déjà ancien ; on ne saurait en dire davantage, ni surtout s'en servir avec confiance. De Guillaume Ier on n'a pas de lois forestières ; mais s'il n'y en eut pas avant lui, il les rendit nécessaires par le cruel abus qu'il fit du privilège royal sur l'usage des forêts et la chasse. On sait qu'aux forêts existant avant lui, il en ajouta une, la « Nouvelle forêt [5] », et qu'il la constitua en soustrayant arbitrairement au droit commun de vastes espaces fertiles

---

1. Schmid : *Die Gesetze der Angelsachsen*, p. 319 et LVI.
2. *A treatise of the laws the Forest* (1592), 1re édition pour le public, en 1598. Nous avons suivi de préférence l'édition de 1615.
3. *Saxons in England*, II, 80.
4. C'est l'opinion de M. Freeman : *Norman Conquest*, I, 436, 754 ; V, 456, et de M. Liebermann dans son étude sur le *Quadripartitus*, p. 54.
5. Voy. Freeman : *Norman Conquest*, IV, 608 et 840.

et bien peuplés, dans le Hampshire. Alors les mesures les plus rigoureuses furent édictées pour protéger les bêtes réservées aux chasses royales; alors l'Angleterre fut couverte de forêts, de chasses et de garennes, régies par des usages spéciaux et soumis à un régime d'autant plus vexatoire que l'objet en était moins respectable. Guillaume II le maintint, si même il ne l'exagéra pas encore [1]. Henri Ier en fit autant; un article inséré dans sa charte de couronnement (art. 10) le dit expressément. Étienne promit de réparer les injustices commises en rendant « aux églises et au royaume » les forêts « ajoutées par son aïeul et son oncle Guillaume II [2] » ; mais il ne fit rien.

Sous Henri II, les rigueurs furent égales [3], mais l'arbitraire moindre, parce que pour la première fois on essaya de le règlementer quand le roi, dans la 19e année de son règne (1184), promulgua l' « assise » de Woodstock « avec le conseil et l'assentiment des archevêques et évêques, et des barons, comtes et nobles d'Angleterre [4] ». Mais les rois angevins n'étaient pas moins enragés chasseurs que les rois normands, et n'étaient guère plus scrupuleux pour les moyens de satisfaire leurs passions : Henri II,

---

1. Voy. Freeman : *Norman Conquest*, V, 124.
2. Voy. plus loin, p. 9.
3. Avec quelques adoucissements néanmoins. Ainsi les délits de chasse furent le plus souvent punis par l'exil ou la prison, au lieu de la mort. Freeman, *Norman Conquest*, V, 682.
4. Publiée dans Stubbs : *Select charters*, p. 157. Cinq ou six années avant cette « assise », fut rédigé le célèbre « Dialogus de Scaccario » ; l'on y trouve une intéressante définition du mot « Forêt », et la théorie fondamentale des lois forestières.

Richard et Jean, sans créer de nouvelles forêts,
étendirent les limites anciennes ; on ne dit pas, il est
vrai, qu'ils agirent avec la même brutalité que le
Conquérant ; mais les terres qu'ils englobaient dans
les limites de leurs forêts n'en étaient pas moins
soumises à un régime d'exception qui « protégeait
la paix des bêtes et réservait aux hommes les persé-
cutions » ; ainsi les barons en 1215 demandèrent-ils
(art. 47 de la Pétition) que « toutes les forêts affores-
tées sous le règne du présent roi fussent défores-
tées », ce qui fut formellement décrété dans la
Grande Charte (art. 47) ; mais cette dernière, plus
explicite, ordonna également de faire rentrer dans le
droit commun les parties du territoire converties en
forêt par Richard et par Henri II (art. 53) ; elle res-
treignit la compétence des juges forestiers aux
seules causes forestières (art. 44) ; elle ordonna
qu'une enquête serait instruite sur les abus de
pouvoir commis par les agents des forêts, et que
bonne justice serait faite dans les quarante jours
(art. 48).

Ces articles, on l'a vu, disparurent des rédactions
ultérieures de la Grande Charte, mais ils furent repris
et développés dans un acte à part, la « Carta de
foresta » de 1217. (*Textes*, n° VIII.) Du premier coup
elle reçut sa forme définitive, car elle a passé intacte
dans les confirmations de 1225 et de 1300, mais plus
encore peut-être que la Grande Charte, elle a été en
butte à l'animosité des souverains. Henri III la
déchira dès qu'il fut majeur (1227) et plusieurs défo-
restations qui avaient été ordonnées furent contre-

mandées[1]. Peut-être, cependant, était-ce là une mesure purement fiscale, destinée à remplir les coffres de la royauté à l'aide des compositions offertes par les particuliers pour le maintien de la charte[2]. C'est le motif qui fit agir Henri III quand il ordonna une enquête rigoureuse sur les forêts en 1244[3]. Pour le fils de Jean-sans-Terre, on le sait, les libertés anglaises étaient un objet de trafic.

Ici, comme sur tant d'autres points, le règne d'Édouard Ier marque une époque essentielle dans la législation anglaise. En 1278, il fit rédiger les « Assisa et consuetudines foreste[4] », qui réglaient encore l'organisation de la justice forestière au temps où Manwood écrivait son traité ; il n'ajoutait ni ne retranchait rien aux anciens usages, mais le fait même qu'ils étaient maintenant écrits limitait l'exercice de l'arbitraire administratif. Vingt ans plus tard, comme on lui imposait la confirmation des chartes[5], on le contraignit à ordonner une

---

1. Voy. Wendover, III, 124, et le récit du soulèvement ébauché par Richard de Cornouailles et ses partisans. Comp. les lettres closes du roi, du 9 février 1227, citées par Stubbs : *Constit. histor.*, II, 39.

2. C'est l'opinion très vraisemblable de M. Stubbs ; *ibid.*

3. Mathieu de Paris, IV, 400, 427 ; Paris donne parmi ses pièces justificatives (Additamenta, VI, 94), le modèle des enquêtes auxquelles les juges royaux devaient procéder en cette circonstance.

4. C'est Manwood qui donne à cette « Assise » la date de 1278 (6 Edw. I) ; dans les anciens recueils de statuts mss. et dans les *Statutes of the realm*, I, 243, elle n'est pas datée ; mais il n'y a pas apparence que Manwood ait imaginé la date. Ce document paraît d'ailleurs avoir eu au moins deux éditions, car les derniers articles, depuis « Sciendum quod tempore pannagii... », ne se trouvent pas dans toutes les copies. La traduction qu'en donne Manwood comprend le texte entier des *Statutes*.

5. Voy. la Confirmation des Chartes, no XIV de nos *Textes*, où

enquête générale sur les forêts, pour les ramener aux limites qu'elles avaient à l'avènement de Henri II[1]; il tarda, louvoya[2], mais dut s'exécuter à la fin : un Parlement fut convoqué à Lincoln à l'octave de saint Hilaire (20 janv. 1301) pour écouter les rapports des agents chargés de faire l'inspection (*perambulatio, pourallée*) des forêts ; comme leurs opérations n'étaient pas encore terminées à ce moment, les Grands s'indignèrent et proférèrent des menaces[3]; le roi les apaisa en donnant la promesse la plus formelle que tout serait terminé dans l'année, et ainsi fut fait. Cette opération a été décisive ; elle a fixé pour quatre siècles au moins les limites des forêts royales ; les terres retranchées des forêts composèrent ce qu'on appela le *purlieu*, nous pourrions dire la zone forestière, soumise à un régime d'excep-

---

l'article 1 semble bien contenir une allusion à l' « Assise » dont il vient d'être parlé.

1. Voy. les actes datés du 26 nov. 1297 : « de perambulatione facienda, » du 12 déc. : « de expensis illorum qui assignantur ad perambulationem faciendam, » du 18 nov. 1298 : « de intendendo illis qui assignantur ad inquirendum de factis ministrorum foreste, » des 26 mars et 2 avril 1299, où le roi promet qu'une inspection des forêts (perambulatio) sera faite « dès que ses affaires seront réglées en cour de Rome »; dans Palgrave : *Parliamentary writs*, I, 397, et dans Blackstone : *Magna Carta*, p. LXVIII.

2. Voy. dans Blackstone, *ibid.*, p. LXIX, la circulaire où le roi explique pourquoi la chevauchée des forêts a été retardée.

3. Voy. le décret royal « de perambulatione facienda in diversis comitatibus Anglie » (*Parl. writs*, I, 398), le bref pour la convocation au Parlement de Lincoln (*ibid.*, I, 88, 90), les récits sur ce Parlement dans les *Flores histor.*, III, 303, Rishanger : *Chronica*, p. 198, Hemingburgh, II, 188. Ces deux derniers chroniqueurs se trompent en disant que le Parlement fut assemblé à Stamford. La manière dont on a procédé dans la « perambulatio » est exposée tout au long dans un acte du 14 février 1301 publié *in extenso* par Manwood et par Blackstone, p. LXXII.

tion, moins draconien cependant que les terres forestières. En vain le roi révoqua-t-il ces déforesta-
tions comme il avait révoqué la Grande Charte[1],
Édouard II fit reprendre le travail ordonné par son
père, qui resta la base de toutes les opérations sem-
blables exécutées par la suite[2].

La Charte de la forêt ne fut pas, en effet, mieux
observée que l'autre; les rôles du Parlement au
xive siècle retentissent des plaintes contre l'empiè-
tement des forêts. Puis, peu à peu, le silence s'établit
dans ce domaine. A la fin du xvie siècle, la législation forestière était en partie tombée en désuétude;
Manwood le déplore, non pas qu'il réclamât le
retour aux rigueurs de l'ancien temps; il voulait
seulement « que les forêts pussent encore être
reconnues pour telles et le gibier préservé pour
Sa Majesté ». C'est donc d'une institution en déca-
dence qu'il nous a tracé la théorie et donné le commentaire le plus abondant que nous ayons. Mais
cette institution subsistait toujours avec son régime

---

1. En vertu de la bulle de Clément V (*Textes*, nº XVII). L'ordonnance du roi annulant la déforestation est dans Blackstone, p. LXXV.
Édouard Ier avait auparavant promulgué une « Ordinatio foreste »
(1305); il en promulgua une autre (1306). Voy. les *Statutes of the
realm*, I, 144 et 147. En résumé, on doit à ce roi quatre règlements
fondamentaux pour les forêts : l'assise de 1278, les deux ordonnances
de 1305 et 1306, et enfin un statut relatif aux délits commis dans les
parcs (« de Malefactoribus in parcis », 1295. *Ibid.*, p. 111). On pourra
étudier en outre avec intérêt le chapitre consacré aux forêts dans la
compilation juridique appelée *Fleta*, laquelle paraît avoir été rédigée
sous le règne d'Édouard Ier; chap. 40 et 41 du livre II.

2. Circulaire du 20 févr. 1316 ordonnant de procéder à l'inspection
des forêts, à la demande du Parlement de Lincoln. *Parl. writs*, II,
2e partie, p. 159, 166, 168.

d'exception. Henri VIII créa la forêt royale de
Hamptoncourt (1540); Charles Ier, celle de Richmond
(1634). Ce fut la dernière [1]. Dès le début du Long
Parlement, Pym demanda [2] que les forêts royales
fussent ramenées aux limites fixées sous Édouard Ier,
et Charles dut accepter le bill qu'on lui présenta sur
ce sujet [3]. Depuis, la question n'excita plus de
sérieuses controverses; une à une les forêts furent
rendues au droit commun sous le règne de la reine
Victoria [4] et, bien qu'il en subsiste encore aujour-
d'hui, la législation qui a son origine au temps du
Conquérant et son point culminant sous le règne
d'Édouard Ier a cessé d'être un défi porté à la justice
sociale.

Ainsi l'histoire de nos chartes nous présente un
raccourci de l'histoire constitutionnelle en Angleterre depuis la conquête normande. Le fait capital
c'est le perpétuel conflit entre deux pouvoirs, celui
du roi et celui du peuple. Au XIIe siècle, ou du moins
dans la première moitié de ce siècle, les souverains, arrivant au trône en vertu de droits con-
testables et contestés, sont conduits à faire volon-

---

1. Voy. Gardiner : *History of England*, 1603-1640. VII, 362-365.
2. *Parliamentary history*, IX, 105, 233.
3. Gardiner, *Ibid.*, IX, 415. Bien que la forêt fût un privilège essen-
tiellement royal, il fut quelquefois accordé à des particuliers, géné-
ralement de très grands seigneurs ou des princes du sang; ainsi
Manwood a tiré un grand parti des documents sur les forêts de
Pickering et de Lancastre, dont Henri III avait investi son fils cadet
Edmond et ses héritiers.
4. Voy. par exemple les faits mentionnés par Stephen : *New com-
mentaries on the laws of England*, I, 687.

tairement des concessions à leurs sujets. Quand leur
avènement au trône ne fait plus discussion, et que
le serment prêté au couronnement est le seul frein à
leur despotisme, on n'entend plus parler de concessions volontaires et, s'ils sont contraints d'en faire,
c'est avec cette arrière-pensée que la violence
employée contre eux les délie de leurs promesses.
La Grande Charte de 1215 a, en somme, créé un
droit nouveau, le droit de la nation qui veut imposer
des limites au droit absolu de la royauté. Cette
notion, contraire au principe de la souveraineté, tel
que l'imaginaient les théoriciens du moyen âge,
engendra un conflit qui dura quatre cents ans.
D'abord les deux pouvoirs se firent à peu près équi-
libre (xiii° et xiv° siècles); puis la royauté sembla
devoir l'emporter (xv° et xvi° siècles). Les maladresses
des Stuarts et le changement produit dans les esprits
par ce grand mouvement d'idées qui émancipa l'esprit humain au temps de la Renaissance et de la
Réforme, ranimèrent les vieilles querelles sous une
forme nouvelle : au xiii° siècle, la nation demandait
seulement des garanties ; elle voulait le maintien de
ses antiques privilèges et des bonnes coutumes ; elle
s'abritait derrière le passé; au xvii° siècle au contraire, l'opposition était menée par des gens parfaitement conscients du droit nouveau qu'ils portaient
avec eux et à la lumière duquel ils prétendaient éclai-
rer la voie de l'avenir. Dans cette lutte la royauté fut
vaincue. Alors nos chartes, témoins du droit ancien,
tombèrent dans l'oubli; mais, comme l'Angleterre n'a
pas appliqué dans ses révolutions le système de la

table rase, et qu'elle n'a pas cristallisé ses institutions en les codifiant, elle conserve pieusement
les ruines de ce vénérable monument. De même que
la vieille église de Saint-Martin de Cantorbéry, éle-
vée à la primitive époque saxonne, peut-être à l'aide
de moellons romains, avec sa sombre et perpétuelle
parure de lierre, rappelle au voyageur le passé le
plus lointain de l'Angleterre issue des invasions,
ainsi nos Chartes, placées en tête des statuts du
royaume, nous ramènent aux fondements mêmes de
l'État anglais, et leurs mutilations nous font mesurer
les progrès accomplis par les efforts, le plus souvent
hostiles, de la nation et des souverains, depuis les
usurpations des rois normands et le pacte de
Runnymead, jusqu'au renversement des Stuarts et à
l'avènement de la démocratie sous le présent règne.

La Grande Charte a été imprimée un nombre considérable de fois. Elle a d'abord figuré dans tous les
recueils imprimés des statuts du royaume d'Angleterre. Ces recueils, à leur tour, ne font que reproduire exactement les recueils manuscrits des statuts
qui ont été si souvent copiés au xive et au xve siècle,
et dont les exemplaires abondent aujourd'hui encore
dans les bibliothèques anglaises, sans oublier celles
du continent. Pour ce qui concerne ce qu'on appelle
souvent les « vieux statuts », c'est-à-dire générale-
ment ceux qui sont antérieurs à l'avènement
d'Édouard III, on peut dire que ces recueils se res-

semblent tous; ils comprennent tous (ou du moins
les exceptions sont rares) les mêmes textes rangés
dans un ordre invariable; ils ont été reproduits tels
quels dans toutes les éditions du xvi° siècle, qui
d'ailleurs paraissent en outre s'être copiées l'une
l'autre. C'est Robert Pynson, imprimeur du roi, qui
donna la première, datée du 9 octobre 1499; il la
réédita en 1508, 1514, 1519[1]. Il fut suivi par Thomas
Berthelet (Londres 1531-33[2]), par Robert Redman
(1539[3]), par Thomas Marshe (1556) et par Robert
Tottell (1556, 1570, 1576, 1587[4]). Inutile d'ajouter
qu'elle se trouve également et dans les Recueils de
statuts traduits en anglais, et dans les « Abrégés »
qui s'en multiplièrent bientôt à la même époque. Au
xvii° et au xviii° siècle, enfin, elle est reproduite,
comme il convient, en tête des grandes collections
plus ou moins officielles où sont réunis les statuts du
royaume. Nous n'en dirons rien ici[5]; nous signa-

1. Les premières éditions paraissent n'avoir pas eu de titre spécial;
à la fin de celles de 1508 et de 1519, on lit : « ad laudem et gloriam
cunctipotentis ac beate Virginis Marie totaque celestis curia (sic).
Parvus codex qui Antiqua statuta vocatur..... »

2. L'édition de Berthelet comprend deux parties foliotées à part;
à la fin de la première on lit : « impressus Londini in edibus Thome
Bertheleti, regii impressoris, anno Dom. 1531, mense novembri. » —
A la fin de la seconde : « Impressus Londini..... anno Dom. 1532,
mense januar. » Cette seconde partie est donc de 1533 n. st. L'éditeur
avertit que, pour cette seconde partie, les textes ont été collationnés
sur les rôles du Parlement.

3. L'édition porte par erreur la date de 1529.

4. *Magna Charta, cum statutis quae antiqua vocantur, jam recens
excusa et summa fide emendata, juxta vetusta exemplaria ad Parlia-
menti rotulos examinata; quibus accesserunt nonnulla nunc primum
typis edita.*

5. On en trouvera l'énumération au tome 1 des *Statutes of the realm,*
page xxii et suivantes de l'Introduction.

lerons seulement ce que l'on doit considérer comme l'édition définitive et officielle de ces statuts : celle qui a été publiée de 1810 à 1828 par les soins et sous la surveillance des membres de l'ancienne Commission des Archives (Record Commission). Dans cette édition, une place particulière a été faite à la Grande Charte et aux textes similaires, qui, sous le titre de *Charters of liberties*, constituent une section, paginée à part, du tome I [1]. Cette fois, la Commission s'est imposé comme règle absolue de reproduire, non des copies plus ou moins fidèles, mais les textes originaux. Ainsi la Grande Charte est scrupuleusement imprimée d'après les expéditions authentiques et avec les abréviations figurées. En outre, tandis que les éditions du xvie siècle contenaient presque uniquement le texte fixé en 1225 (9e année de Henri III), ici nous avons le texte intégral de toutes les expéditions officielles de 1215 à 1300. A tous égards, cette édition peut être tenue pour définitive ; elle peut presque même dispenser de recourir aux originaux.

Mais la Grande Charte a fait aussi l'objet de publi-

---

1. *Charters of liberties granted by Henry I, Stephen, Henry II, John, Henry III, Edward I kings of England.* 44 pages avec 7 facsimilés gravés. Ces chartes sont les suivantes : 1° celle de Henri Ier (1100) ; 2° et 3° celles d'Étienne ; 4° celle de Henri II ; 5° celle du roi Jean « ut libere sint electiones tocius Anglie » (1215) ; 6° les « Articuli Magne Carte », ou Pétition des Barons ; 7° la Grande Charte de 1215 ; 8° et 12° les trois chartes de Henri III (1216, 1217, 1225) et les deux chartes de la forêt (1217, 1225) ; 13° la Confirmation des chartes par Henri III (1237) ; 14° un autre texte de la Grande Charte de 1252 ; 15° une autre confirmation de Henri III (1265) ; 16°-17° l'Inspeximus d'Édouard Ier (1297) et la confirmation du même roi (1297) ; 18°-19° le second Inspeximus d'Édouard Ier, avec celui de la charte de la forêt (1300) ; 20° la charte de confirmation par le même (1301).

cations indépendantes. La première et, somme toute,
la seule qui, avec celle des *Statutes*, compte aux
yeux des érudits, a été donnée par sir William
Blackstone. Plus tard, soit en Angleterre[1], soit
même en France[2], on essaya de populariser la connaissance de notre texte par des traductions accom-
pagnées d'un bref commentaire[3]. Le meilleur essai
qu'il y ait à signaler en ce genre est l'Essai historique
de Richard Thomson[4], dont les notices biographiques

---

1. *Magna Charta : on the Great charter obtained from king John
by the people of England : with an introduction containing the history
of its rise and completion, also observations on laws relative to its
promulgation ;* avec des notes explicatives par B. Curwen. Londres,
1810. L'auteur dit dans sa préface qu'on ne doit pas s'étonner s'il a
cru nécessaire de donner une nouvelle édition de la Grande Charte ;
car le temps était venu de mettre entre les mains du peuple un exemplaire de cette charte « which asserts their rights, maintains their
privileges and protects their liberty ». Curwen emprunte ses explica-
tions verbales au *Law dictionary* de Jacob. — La même année parut
chez John Fairburn l'*Edition of Magna Charta, or the Great Charter
of liberties, publicly signed* (sic) *by King John... with the Petition of
rights..., also the Bill of rights.*
   2. *La Grande Charte, ou l'Établissement constitutionnel en Angleterre,* par Camille Rousset ; ouvrage revu par M. Guizot. Hachette,
1853 (Bibliothèque des Chemins de fer).
   3. Je ne sais s'il est très utile de citer : *A lecture on Magna Charta ;*
conférence faite devant les membres de l'Institut littéraire et scientifique à Bury-Saint-Edmunds, 17 déc. 1850, par John Green ; avec une
traduction intégrale de la charte en appendice. — Il existe, mais je
n'ai pas vu : *The pope and Magna Charta,* par le card. Manning (c'est
sans doute un article de revue ; il a été réimprimé à Baltimore en 1885).
   4. *An historical essay on the Magna Charta of king John.* Londres,
1829. Après l' « Essai » (48 p.), Thompson donne la traduction des
« Articles des barons » ; puis de la Grande Charte de Jean (cette fois
avec le texte latin en regard), des trois chartes de Henri III et de la
première d'Édouard Ier. Suivent de longues notes explicatives sur les
chartes (p. 159-328). Viennent ensuite la traduction de la première
charte de la forêt (1217) avec des notes ; la confirmation d'Édouard Ier
15 nov. 1297) avec des notes ; une « bibliographie historique et descriptive des principaux mss. et exemplaires imprimés des chartes des

et bibliographiques ne sont pas inutiles à consulter.
L'illustration fantaisiste de ce volume lui fait du tort,
mais elle ne lui mérite pas le dédain des érudits. Plus
récemment, M. W. Stubbs s'est contenté de reproduire intégralement le texte de la Grande Charte,
d'ailleurs sans une ligne d'introduction et sans une
note [1] ; à tous les points de vue, il vaut mieux s'en
référer au texte donné dans ses *Select Charters* [2]. A
l'étranger enfin, signalons, outre une brochure sans
grand intérêt du Dr Taddeus Lau [3], l'édition donnée à
Utrecht par M. O. van Rees [4].

C'est à sir Edward Coke que l'on doit le plus
ancien et peut-être le plus célèbre commentaire sur
la Grande Charte. On a vu plus haut à quelle époque
il fut composé et dans quelles circonstances il fut
publié. Au siècle suivant, à côté des ouvrages de
Blackstone auxquels il faut recourir sans cesse, le
traité de Sullivan [5] contient plusieurs chapitres con-

---

libertés anglaises et autres documents connexes » ; des notices sur le
roi Jean et sur le cardinal Langton ; des notes et éclaircissements
additionnels, enfin un index général très détaillé.

1. *Magna Carta regis Johannis XV die junii en CCXV, anno regni
XVII.* Oxford, Clarendon press., 1879, 15 p., in-4°.

2. On trouvera dans ces *Select charters* : les chartes de Henri Ier
(2e édit., p. 99), d'Étienne (p. 120), de Henri II (p. 135), les Articles
des barons (p. 290), la Grande Charte de Jean (p. 296), les principales
variantes fournies par les chartes de 1216 (p. 340) et 1217 (p. 343), la
charte de la forêt (p. 348), la sentence d'excommunication (p. 373), la
confirmation de 1297 (p. 494) et le « statutum de tallagio non concedendo » (p. 497).

3. *Die Entstehung der Magna Charta.* Hambourg, 1856, 112 p., in-12.

4. *De Magna Carta : petition of right en bill of rights.* Utrecht,
1861. M. van Rees a donné uniquement une transcription littérale de
ces trois textes, sans y rien ajouter.

5. *Historical treatise on the feudal law and the constitution and
laws of England, with a commentary on Magna Charta.* Londres,

sacrés exclusivement à l'examen de la Grande Charte.
Ces jurisconsultes se placent naturellement au point
de vue juridique, fort étroit surtout chez Coke et
Sullivan ; il faut les compléter par la lecture des principaux ouvrages qui ont pour but d'exposer le développement historique des institutions et des lois
anglaises : Reeves [1], Hallam [2] et Stubbs [3] en Angleterre, Gneist en Allemagne [4], MM. Glasson [5] et
Boutmy [6] en France. Quant à l'explication des
termes, notre Ducange reste, même ici, l'instrument
de travail le plus précieux, mais il ne sera pas permis de négliger les dictionnaires de Spelman [7], de
Cowell [8], de Blount [9], de Jacob [10]. Enfin, il faut se

1772. Ce commentaire occupe les chap. 39-43 ; il est regrettable qu'il
n'y ait dans tout ce volume aucune référence bibliographique.

1. *History of the english law*, from the time of the Saxons to the
reign of Hen. VII. 2 vol., 1783. Dernière éd. par Finlason. 3 vol., 1869.

2. *View of the state of Europe during the Middle ages* ; chap. VIII,
2e et 3o parties.

3. *The constitutional history of England in its origin and develop-
ment*, 3 vol., Oxford, 1875.

4. Citons de lui seulement : *Englische Verfassungsgeschichte* (Berlin,
1882), où l'on retrouve la substance de ses précédents ouvrages sur le
Selfgovernment et sur l'*Engl. Verwaltungsrecht*.

5. *Histoire du droit et des institutions politiques, civiles et judi-
ciaires de l'Angleterre, comparés au droit et aux institutions de la
France, depuis leur origine jusqu'à nos jours*. 6 vol. Paris, 1882-83.

6. *Études de droit constitutionnel*, Paris, 1885 ; *Le développement
de la constitution et de la société politique en Angleterre*, Paris, 1887.

7. *Glossarium archaiologicum*, 2e édit. (seule complète), 1664.

8. *Law dictionary or the Interpreter of words and terms used either in
the common or statute laws of great Britain*, 1717. (La 1re édition en 1607.)

9. *Nomo-Λεξικον. A law dictionary interpreting such difficult and
obscure words and terms as are found either in our common or statute,
ancient or modern lawes*, 1670. Cette édition a été fréquemment citée
par Ducange. La 1re édition (1656) était intitulée : *Glossography, or a
dictionary interpreting.....* Il y en a une autre édition augmentée par
Nelson : *Law dictionnary or glossary of obscure words and terms...*, 1717.

10. *Law dictionary*, 1729, souvent réimprimé au xviiie siècle. La

rappeler que les éclaircissements les plus sûrs sont fournis par les documents contemporains ; c'est pourquoi nous les avons indiqués en tête des paragraphes de la présente introduction.

Pour avoir été moins souvent imprimée que la Grande Charte, la Charte de la forêt n'en a pas moins compté de très nombreuses éditions : on la trouve dans tous les recueils, anciens ou récents, de statuts. Elle a fait aussi l'objet de plusieurs commentaires[1] dont un seul compte aujourd'hui, celui de John Manwood[2]. L'article *Foresta* du glossaire de Spelman[3] est important ; mais il ne saurait tenir lieu du traité de Manwood, si l'on veut traiter avec quelque soin ce sujet d'ordinaire assez négligé.

CHARLES BÉMONT.

10ᵉ édition, par Ruffhead et J. Morgan, porte le titre de *New law dictionary* (1782).

1. Manwood cite : Master Treherne « in his reading of the forest lawes » ; master Hesket « in his learned reading upon Charta de foresta » ; sergent Fleetwood « in his briefe collection of notes of Forest lawes » ; sir Tristram « in his worthie treatise of hunting ». Nous n'avons vu aucun de ces traités.

2. *A brefe collection of the lawes of the forest*, etc., Londres, 1592, in-4°. Cette édition, distribuée seulement à quelques amis de l'auteur, n'a pas été mise dans le commerce. — *A treatise of the laws of the Forest and of the Purlieu*, 1598, in-4°. — *A treatise and discourse of the lawes of the forrest, wherein is declared, not onely those lawes as they are nowe in force, but also the original and beginning of forrestes.....; also a treatise of the purallee.....,*1615. Une 4ᵉ édition a été publiée à Londres en 1717 : celle-ci est la dernière que mentionne le catalogue du Musée britannique.

3. La liste des forêts que donne Spelman a été reproduite plusieurs fois, entre autres par J.-C. Brown dans *The forests of England* (1883), p. 134.

CHARTES

DES LIBERTÉS ANGLAISES

(1100-1305)

I. — CHARTE DE HENRI Iᵉʳ

(1100)

L'original de cette charte est perdu. Nous en connaissons la
teneur par trois copies anciennes. La plus ancienne se trouve
dans le *Textus Roffensis*, recueil de lois anglo-saxonnes et
de chartes relatives à l'église de Rochester, compilé par Ernouf
qui fut évêque de cette ville de 1115 à 1124. (Voyez Th.-D.
Hardy : *Descriptive catalogue of materials relating to the history
of Great Britain and Ireland*. Rolls series, II, 150.) Elle commence par les mots : « Institutiones Henrici regis. Anno incarnationis Domini M. C. I., Henricus, filius Willelmi regis, post obitum fratris sui, etc. » Elle a été publiée d'après Hearne, éditeur
du *Textus Roffensis*, par Blackstone : *Magna Carta*, p. IV, note[2].
(Blackstone se trompe en disant qu'Ernouf est mort en 1114.)
— Les deux autres copies se trouvent dans le registre bien
connu sous le nom de « Livre rouge de l'Échiquier » ; c'est un
recueil de textes juridiques et administratifs compilé vers le milieu
du XIIIᵉ siècle ; il est écrit de plusieurs mains différentes ; mais
c'est à la même main qu'on doit les fol. 1—166, où se trouvent
nos deux copies. La première est au fol. 16 ; elle est intitulée :
« De libertate ecclesie et tocius Anglie observanda, » etc.,
comme dans l'édition de B. Thorpe (*Ancient laws and institutes of
England*, fol. 1840, p. 215) et dans celle de R. Schmid (*Gesetze
der Angelsachsen*, p. 342) ; elle est divisée, comme dans ces deux

éditions, en deux chapitres portant chacun un titre particulier :
1° « Epistola ejusdem omnibus fidelibus suis. Henricus...; »
2° « De confirmacione legum Edwardi regis. Murdra eciam... »
Le premier de ces chapitres contient huit paragraphes, et le
second six. La seconde copie de notre charte est au fol. 163;
elle est intitulée : « Carta regis Henrici primi filii regis W., de
libertatibus concessis Anglis; et habuit quilibet comitatus talem :
Henricus rex Anglorum, Samsoni episcopo, et Ursoni de Abetot,
et omnibus baronibus et fidelibus suis tam francigenis quam
angligenis de Wirecestrescira, salutem. Sciatis... » Elle continue
ensuite tout d'une traite jusqu'à la fin, du § 1 au § 14. C'est cette
dernière forme que nous avons adoptée; la division en chapitres
convenait mieux aux ouvrages de Thorpe et de Schmid; l'autre
nous paraît reproduire plus fidèlement l'original.

Quant à la date, il peut y avoir quelque hésitation. Toutes les
rédactions portent à la fin cette mention : « Testibus... apud
Londoniam quando fui coronatus; » or Henri I fut couronné à
Westminster le 5 août 1100. (Voy. Freeman, *The reign of William
Rufus*, II, 350.) D'autre part, une de nos rédactions (celle qu'a
reproduite Blackstone) donne la date de 1101 ; mais cette dernière
n'inspire pas grande confiance parce qu'elle est placée à la tête
de l'acte d'une façon insolite. On pourrait sans doute tirer ce
point tout à fait au clair, si l'on était mieux au courant des pratiques de la chancellerie anglaise à cette époque.

Nous avons reproduit la plus ancienne rédaction, celle du
Textus Roffensis, publiée par Blackstone, qui peut-être l'avait
revue sur le manuscrit. C'est elle aussi qu'on trouve dans les
Statutes of the realm (*Charters of liberties*, p. 1), qui s'en tiennent
au texte publié par Hearne, mais qui paraissent moins fidèles. Les
éditeurs des *Statutes* ont donné les variantes fournies par les deux
copies du « Livre rouge »; nous reproduisons seulement celles
de la première, que nous avons vérifiées sur le manuscrit. Nous
avons naturellement ajouté la ponctuation et la division en paragraphes des éditions modernes. M. Stubbs a publié notre charte
dans ses *Select charters* (p. 100) ; c'est sans doute par erreur
qu'il renvoie à l'édition de Thorpe, car, en fait, il reproduit celle
de Blackstone.

M. Edw. A. Freeman a donné une analyse détaillée de la
charte de Henri I dans son volume : *The reign of William Rufus
and the accession of Henry the first* (1882), vol. II, p. 352-359.

Institutiones Henrici regis.

Anno incarnationis dominice м. с. i. Henricus, filius Willelmi regis, post obitum fratris sui Willelmi Dei gratia rex Anglorum, omnibus fidelibus [1] salutem.

1. Sciatis me Dei misericordia et communi consilio [2] baronum totius regni Anglie, ejusdem [3] regem coronatum esse. Et, quia regnum oppressum erat injustis exactionibus, ego, Dei respectu et amore quem erga vos [4] habeo, sanctam Dei ecclesiam inprimis liberam facio, ita quod nec vendam, nec ad firmam ponam, nec mortuo archiepiscopo, sive episcopo, sive [5] abbate, aliquid accipiam de dominico ecclesie vel de [6] hominibus ejus, donec successor in eam ingrediatur. Et omnes malas consuetudines, quibus regnum Anglie injuste [7] opprimebatur, inde aufero; quas malas consuetudines ex parte hic pono [8] :

2. Si quis baronum, comitum meorum [9], sive aliorum qui de me tenent, mortuus fuerit, heres suus non redimet terram suam sicut faciebat tempore fratris mei, sed justa et legitima relevatione [10] relevabit eam. Similiter et homines baronum meorum justa et legitima relevatione relevabunt terras suas de dominis suis.

3. Et si quis baronum [11] vel aliorum hominum meorum filiam suam nuptum tradere voluerit, sive sororem, sive

---

1. La copie du Livre rouge de l'Échiquier (L. R.) commence par ces mots : Henricus, Dei gratia rex Anglorum, omnibus baronibus et fidelibus suis, Francis et Anglis, salutem.
2. L. R. ajoute : *et assensu*, et omet : *totius*.
3. L. R. ajoute : *regni*.
4. L. R. ajoute : *omnes*.
5. L. R. a : *seu*.
6. L. R. omet : *de*.
7. L. R. omet : *injuste*.
8. On lit dans L. R. *suppono*, au lieu de : *hic pono*.
9. On lit dans L. R. : *baronum meorum comitum*.
10. Ici et partout ailleurs, L. R. donne la leçon fautive : *revelacione, revelabit*.
11. L. R. ajoute : *meorum* et omet *aliorum*.

neptim [1], sive cognatam, mecum inde loquatur; sed neque ego aliquid de suo pro hac licentia accipiam, neque defendam ei quin eam det, excepto si ea[m] vellet jungere inimico meo. Et si, mortuo barone sive [2] alio homine meo, filia heres remanserit, illam dabo consilio barouum meorum cum terra sua. Et si, mortuo viro [3], uxor ejus remanserit et sine liberis fuerit, dotem suam et maritationem [4] habebit; et eam non dabo marito, nisi secundum velle suum.

4. Si vero uxor cum liberis remanserit, dotem quidem et maritationem [5] habebit dum corpus suum legitime servaverit [6], et eam non dabo, nisi secundum velle suum; et terre et liberorum custos erit sive uxor, sive alius propinquarius [7] qui justius [8] esse debeat. Et precipio quod barones mei similiter se contineant erga filios vel filias et uxores hominum suorum.

5. Monetagium commune, quod capiebatur per civitates et [9] comitatus, quod non fuit tempore regis Eduuardi [10], hoc ne amodo sit [11] omnino defendo. Si quis captus fuerit, sive monetarius, sive alius, cum falsa moneta, justicia recta inde fiat.

6. Omnia placita et omnia debita que fratri meo debebantur [12] condono, exceptis rectis firmis meis [13], et exceptis illis que pacta erant pro aliorum hereditatibus, vel pro eis rebus que justius aliis contingebant. Et si quis [pro] [14] here-

---

1. L. R. a : *neptem.*
2. L. R. a : *vel,* et supprime *meo* après *homine.*
3. L. R. a : *marito.*
4. L. R. a : *dotem et maritacionem suam.*
5. L. R. ajoute : *suam* et répète *uxor* après *dum.*
6. L. R. a : *servabit.*
7. L. R. a : *propinquorum. Propinquarius* est sans doute une mauvaise lecture.
8. L. R. a : *justus* et *debebit* au lieu de *debeat.*
9. L. R. ajoute : *per.*
10. Ici et ailleurs, L. R. donne une forme qui paraît plus archaïque : *Eadwardi.*
11. L. R. a : *fiat.*
12. L. R. a : *debentur.*
13. L. R. omet : *meis,* mot qui est indispensable au sens.
14. L. R. ajoute : *pro,* qui est indispensable au sens, et met *aliquid* après *quis.*

ditate sua aliquid pepigerat, illud condono, et omnes rele-
vationes que pro rectis hereditatibus pacte fuerant[1].

7. Et si quis baronum vel hominum meorum infirmabi-
tur, sicut ipse dabit vel dare disponet pecuniam suam, ita
datam esse concedo; quod si ipse, preventus armis vel
infirmitate, pecuniam suam non dederit vel dare disposue-
rit, uxor sua, sive liberi, aut parentes, et legitimi homines[2]
ejus, eam pro anima ejus dividant, sicut eis melius visum
fuerit.

8. Si quis [baronum vel hominum meorum] forisfecerit[3],
non dabit vadium in misericordia pecunie[4], sicut faciebat
tempore patris mei vel fratris mei; sed, secundum modum
forisfacti, ita emendabit sicut emendasset retro a tempore
patris mei[5], in tempore aliorum antecessorum meorum.
Quod si perfidie vel sceleris convictus fuerit, sicut justum
fuerit[6] sic emendet.

9. Murdra etiam, retro ab ille die qua in regem coronatus
fui, omnia condono; et ea que amodo facta fuerint, juste
emendentur secundum lagam regis Eduuardi

10. Forestas, omni[7] consensu baronum meorum, in manu
mea[8] retinui sicut pater meus eas habuit.

11. Militibus qui per loricas terras suas defendunt[9], terras
dominicarum carrucarum suarum[10] quietas ab omnibus gil-
dis[11] et[12] omni opere proprio dono meo concedo, ut, sicut
tam magno allevamine[13] alleviati sunt, ita se equis et armis

---

1. L. R. a : *erant.*
2. On s'attendrait plutôt à lire : *heredes*; mais la leçon *homines* est donnée
à la fois par le registre de Rochester et par celui de l'Échiquier.
3. Les mots entre crochets sont ajoutés d'après L. R.
4. L. R. a : *tocius pecunie sue.*
5. L. R. ajoute : *et fratris mei.*
6. L. R. a : *erit.*
7. L. R. a : *communi.*
8. L. R. ajoute : *sic.*
9. L. R. a : *deserviunt* au lieu de *defendunt.*
10. L. R. omet : *suarum.*
11. L. R. donne : *geldis.*
12. L. R. ajoute : *ab* et omet : *proprio.*
13. Dans L. R., toute la phrase se lit ainsi : « ut, sicut benignitas mea pro-
pensior est in eis, ita mihi fideles sint; et, sicut tam magno gravamine alleviati sunt, ita se.... »

bene instruant [1] ad servitium meum et ad defensionem regni mei.

12. Pacem firmam in toto regno meo pono et teneri amodo precipio [2].

13. Lagam Eduuardi regis vobis reddo cum illis emendationibus quibus pater meus eam emendavit [3] consilio baronum suorum.

14. Si quis aliquid de rebus meis [4] vel de rebus alicujus post obitum Willelmi regis fratris mei cepit [5], totum cito sine emendatione reddatur [6]; et si quis inde aliquid retinuerit, ille super quem inventum fuerit michi graviter emendabit.

Testibus [7] Mauricio Lundonie episcopo, et Gundulfo episcopo, et Willelmo electo episcopo, et Henrico comite, et Simone comite, et Waltero Giffardo, et Rodberto de Monfort, et Rogero Bigoto, et Henrico de Portu, apud Londoniam, quando fui coronatus.

---

1. L. R. ajoute : *ut apti et parati sint.*
2. L'article 12 manque dans L. R.
3. L. R. ajoute : *cum.*
4. L. R. a : *de meo,* au lieu de *de rebus meis.*
5. L. R. donne : *ceperit.*
6. Dans L. R. on lit : *reddat sine emendacione.*
7. L. R. termine ainsi : Teste Mauricio Londiniensi episcopo et Willelmo electo Wintoniensi episcopo, et Gerardo Herefordiensi episcopo, et Henrico comite, et Symone comite, et Waltero Gifardo, et Roberto de Munford, et Rogero Bigoto, et Eudone dapifero, et Roberto filio Hamonis, et Roberto Malet, apud Westmonasterium, quando coronatus fui.

NOTES BIOGRAPHIQUES.

Les noms des témoins cités à la fin de la charte de Henri I (texte et variantes) peuvent être presque tous identifiés à l'aide, soit du *Registrum sacrum Anglicanum* de W. Stubbs pour les prélats, soit du *Baronage of England* de W. Dugdale pour les seigneurs laïques, soit enfin de l'ouvrage d'E.-A. Freeman : *The reign of William Rufus,* dont la table facilite l'emploi. Nous suivons ici l'ordre même où ces noms sont placés dans le texte :

Maurice, évêque de Londres (1086-1107) ; c'est lui, en l'absence de l'archevêque de Cantorbéry (saint Anselme), exilé, et de l'archevêque d'York malade, qui couronna Henri I.

Gondulf, évêque de Rochester (1077-1108) ; sa vie, écrite par un moine de Rochester, contemporain, se trouve dans Migne : *Patrologie latine,* vol. CLIX, col. 813. Son successeur fut Raoul d'Escures, que suivit Ernouf.

Guillaume Giffard, nommé (*electus*) évêque de Winchester par Henri I, aussitôt après son élection (2 août 1100), et avant son couronnement (5 août), fut consacré seulement en 1107 ; il mourut en 1129.

Gérard, évêque de Hereford en 1096, devint archevêque d'York après Thomas, mort le 18 novembre 1100. Il serait utile d'avoir la date exacte de sa consécration comme archevêque pour préciser celle de la charte de Henri I. Gérard mourut en 1108.

Henri, comte de Warwick depuis 1094, était fils cadet de Roger de Beaumont; il mourut en 1123.

Simon de Senlis devint comte de Northampton par son mariage avec Mathilde, fille de Waltheof (vers 1085). Nous ignorons la date de sa mort.

Walter ou Gautier Giffard, fils de Gautier I, comte de Buckingham, qui mourut vers 1084; il était frère de l'évêque de Winchester et mourut le 15 juillet 1102. La notice que Dugdale (I, 109) a consacrée aux Giffard doit être rectifiée d'après un article publié par Planché dans le *Journal of british archæol. association*; vol. XXIX (1873), p. 58.

Robert de Montfort (-sur Risle), fils de Hugues, qui faisait partie de l'expédition de 1066; il partit en 1107 pour la Terre sainte et y mourut.

Roger Bigot fut un des compagnons du Conquérant et mourut en 1107.

Eudes « dapifer » était le quatrième fils d'Hubert de Rie dont Orderic Vital (III, 29) parle à l'année 1081. Il épousa la sœur de Gautier et de Guillaume Giffard et mourut à Préaux, en Normandie, vers 1120.

Robert, fils d'Haimon, fut pris en Normandie en combattant sous les ordres de Henri I (1105) et mourut peu après (1107).

Robert Malet fut chambellan de Henri I; plus tard, il passa au service du prétendant Robert Courteheuse et fut dépouillé de ses biens (1102).

Henri « de Portu », était fils de Hugues qui figure au Domesday Book (au comté de Hants). Dugdale (I, 463) nous dit seulement de lui qu'il donna une partie de la seigneurie de Shireburne, près Basing, aux moines de Saint-Vigor à Cérisy en Normandie.

II. — CHARTE DU ROI ÉTIENNE

(1136)

Il existe de cette charte un original scellé aux archives de la cathédrale d'Exeter; c'est d'après cet original qu'elle a été publiée dans les *Statutes of the realm* (Charters of liberties, p. 3, avec un fac-similé gravé). Blackstone a reproduit, p. v, une copie prise par Hearne, qui déclare avoir eu aussi sous les yeux un exemplaire original. La charte est uniquement datée de l'année de l'incarnation (1136) et de la 1re année du règne (commençant le 26 déc. 1135). M. Howlett, dans son édition de Richard de Hexham (Ricardus Hagustaldensis : *De rebus gestis Stephani regis*, au tome II des *Chronicles of the reigns of Stephen*, etc. Rolls Series), fait remarquer (p. 150, en note) qu'on peut préciser cette date, car parmi les témoins de l'acte figurent Robert de Gloucester, qui arriva en Angleterre après Pâques (qui, en 1136, tomba le 22 mars), et Hugues Bigot qui se souleva contre le nouveau roi aux Rogations (27 avril). C'est donc entre ces deux dates que la charte a été promulguée.

Il y a une autre charte d'Étienne, plus brève et peut-être antérieure à celle-ci; nous l'avons analysée dans l'Introduction; on la trouvera aussi dans Blackstone (*ibid.*), dans les *Statutes of the realm* (*ibid.*), et dans Stubbs, *Select Charters*, p. 119.

Nous publions cette charte d'après l'édition des Statuts du royaume. Comparez Stubbs, *Select Charters*, p. 120.

Carta Stephani Regis de libertatibus ecclesie Anglie et regni[1].

Ego Stephanus Dei gratia, assensu cleri et populi in regem Anglorum electus, et a Willelmo Cantuariensi archiepiscopo et sancte Romane ecclesie legato consecratus, et

[1]. Écrit au dos de l'acte original d'Exeter.

ab Innocentio sancte romane sedis pontifice confirmatus[1], respectu et amore Dei sanctam ecclesiam liberam esse concedo, et debitam reverentiam illi confirmo. Nichil me in ecclesia vel rebus ecclesiasticis simoniace acturum vel permissurum esse promitto. Ecclesiasticarum personarum et omnium clericorum et rerum eorum justiciam et potestatem, et distributionem honorum ecclesiasticorum in manu episcoporum esse perhibeo et confirmo. Dignitates ecclesiarum privilegiis earum confirmatas et consuetudines earum antiquo tenore habitas inviolate manere statuo et concedo. Omnes ecclesiarum possessiones et tenuras, quas die illa habuerunt qua Willelmus rex avus meus fuit vivus et mortuus, sine omni calumpniantium reclamatione, eis liberas et absolutas esse concedo. Si quid vero de habitis vel possessis ante mortem ejusdem regis quibus modo careat, ecclesia deinceps repetierit, indulgentie et dispensationi mee vel restituendum vel discutiendum reservo. Quecunque vero post mortem ipsius regis liberalitate regum vel largitione principum, oblatione vel comparatione, vel qualibet transmutatione fidelium eis collata sunt, confirmo. Pacem et justiciam me in omnibus facturum et pro posse meo conservaturum eis promitto.

Forestas quas Willelmus avus meus et Willelmus avunculus meus instituerunt et habuerunt mihi reservo. Ceteras omnes quas rex Henricus superaddidit, ecclesiis et regno quietas reddo et concedo.

Si quis episcopus vel abbas vel alia ecclesiastica persona ante mortem suam rationabiliter sua distribuerit vel distribuenda statuerit, firmum manere concedo. Si vero morte preoccupatus fuerit, pro salute anime ejus, ecclesie consilio, eadem fiat distributio. Dum vero sedes propriis pastoribus vacue fuerint, ipsas et earum possessiones omnes in manu et

---

1. La bulle d'Innocent II, à laquelle il est fait allusion ici, est mentionnée dans Jaffé-Lœwenfeld (*Regesta pontificum romanorum*, 2ᵉ édit.) au n° 7804, d'après la copie qui se trouve dans la chronique de Richard de Hexham (éd. Howlett, p. 147) ; elle n'est pas datée. Après l'éloge de Henri Iᵉʳ, elle parle de troubles qui menaçaient le royaume quand enfin «... divinae miseratio pietatis.... communi voto et unanimi consensu tam procerum quam etiam populi te in regem eligere et a presulibus regni consecrari providit... »

custodia clericorum vel proborum hominum ejusdem ecclesie committam, donec pastor canonice substituatur.

Omnes exactiones et injusticias et mescheningas sive per
vicecomites vel per alios quoslibet male inductas funditus
exstirpo. Bonas leges et antiquas et justas consuetudines in
murdris et placitis et aliis causis observabo et observari
precipio et constituo. Hec omnia concedo et confirmo, salva
regia et justa dignitate mea.

Testibus Willelmo Cantuariensi archiepiscopo, et Hugone
Rothomagensi archiepiscopo, et Henrico Wintoniensi episcopo, e' Rogero Saresberiensi episcopo, et Alexandro
Lincolniensi episcopo, et Nigello Eliensi episcopo, et
Evrardo Norwicensi episcopo, et Simone Wigorniensi episcopo, et Bernardo episcopo de S. Davide, et Audoeno
Ebroicensi episcopo, et Ricardo Abrincensi episcopo, et
Roberto Herefordiensi episcopo, et Johanne Rovecestriensi
episcopo, et Athelulfo Carlolensi episcopo, et Rogero can-
cellario, et Henrico nepote Regis, et Roberto comite Gloe-
cestrie, et Willelmo comite de Warenna, et Rannulfo comite
Cestrie, et Roberto comite de Warewic., et Roberto de Ver.,
et Milone de Glocestria, et Brientio filio Comitis, et Roberto
de Oilly conestabulis, et Willelmo Martello, et Hugone
Bigot, et Hunfredo de Buhun, et Simone de Belcamp dapiferis, et Willelmo de Albiniaco, et Eudone Martello pincernis [1], et Roberto de Ferreriis, et Willelmo Pevrello de
Notingeham, et Simone de Saintliz, et Willelmo de Albamarla,
et Pagano filio Johannis, et Hamone de Sancto Claro, et
Ilberto de Laceio. Apud Oxeneford. Anno ab incarnatione
Domini M. C. XXXVI, set regni mei primo [2].

---

1. Le texte publié par Blackstone porte ici *pincernis*, en toutes lettres,
comme, à la ligne précédente, *dapiferis*; le fac-similé que nous avons suivi
donne ces mots en abrégé, de telle manière qu'on ne saurait dire s'ils doivent
être mis au singulier ou au pluriel. Il ne peut y avoir de doute pour le mot
conestabulis, qui est écrit *conestablis*, avec une *l* barrée.

2. A la place de ces quatre derniers mots, la copie de Hearne (Blackstone)
porte : *in communi concilio*.

NOTES BIOGRAPHIQUES.

Les noms des témoins de cette charte peuvent être assez facilement, sinon
toujours très sûrement, identifiés à l'aide de Stubbs et de Dugdale. Ajoutez

les historiens du roi Étienne, publiés par M. Howlett dans la collection du maître des rôles, et la chronique d'Orderic Vital publiée par Le Prévost pour la Société de l'histoire de France avec deux excellentes tables. Joignez enfin miss Norgate : *England under the angevin Kings*, avec une bonne table.

Guillaume de Corbeil, archevêque de Cantorbéry (1123-1139).

Hugues, archevêque de Rouen (1129-1164).

Henri de Blois, évêque de Winchester (1129-1171).

Roger, évêque de Salisbury (1107-1139) ; il était chancelier avant d'être évêque et fut ensuite justicier d'Angleterre, et ministre tout puissant sous Henri I ; il fut le père d'Alexandre, évêque de Lincoln, et du chancelier Roger, dont il est question plus loin. Il fut arrêté avec ses deux fils sous l'imputation de haute trahison (1139) et mourut peu après (déc.).

Alexandre, évêque de Lincoln (1129-1148).

Nigel, évêque d'Ely (1133-1169).

Éverard, évêque de Norwich en 1121, déposé en 1145, mort en 1150.

Simon, évêque de Worcester (1125-1150).

Bernard, premier évêque de Saint-David (1115-1147).

Ouen, évêque d'Évreux. Une copie de Cantorbéry, dont les variantes sont fournies par les *Statutes of the realm* donne ici *Aud. episcopo Eborac.*; mauvaise leçon assurément, car la forme *Eborac.* appartient au mot *Eboracum* (York); or il y avait à York un archevêque; l'archevêque d'York n'eût pas été cité à cette place, mais plus haut, après celui de Cantorbéry ; enfin, en 1136, il s'appelait Thurstan et était le propre frère de l'évêque d'Évreux. Ouen occupa son siège de 1113 à 1139.

Richard I de Beaufou, chapelain d'Henri I, évêque d'Avranches (1134-1143).

Robert de Béthune, évêque de Hereford (1131-1148).

Jean, évêque de Rochester (1125-1137).

Adelulf, évêque de Carlisle (1133-1156).

Roger, chancelier, fils de l'évêque de Salisbury. On le surnommait « le Pauvre » (le Poer), par allusion ironique, dit-on, aux grandes richesses de sa famille.

Le neveu du roi, Henri, était le fils aîné de Thibaut IV, comte de Blois, de Chartres et de Troyes; il succéda, en 1152, à son père et mourut en 1180.

Robert de Glocester était fils naturel de Henri I, frère consanguin, par conséquent, de l' « impératrice » Mathilde, qui disputa la couronne au roi Étienne; il fut un des plus fermes partisans de sa sœur et mourut en 1147.

Guillaume III, comte de Varenne en Normandie ; il avait succédé à son père Guillaume II peu avant la mort d'Henri I. Il mourut à la deuxième croisade.

Renouf II dit de Gernons, fils de Renouf I de Briquessart, comte de Chester, à qui il succéda en 1129; il mourut peu de temps avant le roi Étienne dont il avait été le constant adversaire (déc. 1153).

Robert, fils de Henri I, comte de Warwick, un des témoins de la charte de Henri I; mort le 12 juin 1153.

Robert de Ver. Dugdale (I, 188) cite deux seigneurs de ce nom, l'un qui fut le quatrième fils d'Aubri I, compagnon du Conquérant, et l'autre qui fut fils d'Aubri II. Aubri II fut tué à Londres en 1140. Aubri III, fils aîné d'Aubri II, fut le premier comte d'Oxford de cette maison.

Miles ou Milon, connétable de Chester, fut tué d'une flèche (24 déc. 1143) dans des circonstances que racontent en détail les *Gesta Stephani regis*.

Brian était fils du comte Alain Fergant de Bretagne; il fut un des partisans les plus dévoués de Mathilde et défendit avec la dernière énergie le château de Wallingford dont elle lui avait confié la garde.

Robert II d'Ouilly, neveu de Robert I, et, comme lui, gouverneur du château d'Oxford qu'il livra à l'impératrice Mathilde; il mourut (1142) quinze jours avant le siège de cette forteresse où Mathilde s'était retirée et d'où elle s'enfuit dans des circonstances bien connues.

Guillaume Martel nous est mal connu.

Hugues Bigot, frère et successeur de Guillaume, sénéchal (*dapifer*) d'Henri I, qui périt au naufrage de la Blanche-Nef ; Hugues décida l'élection d'Étienne en affirmant que Henri I, à son lit de mort, l'avait désigné pour son héritier. Le roi l'en récompensa en le créant comte de Norfolk. Il mourut à la croisade, en 1177.

Honfroi III de Bohun ou mieux Bohon, sénéchal de Henri I; il passa bientôt après au parti de Mathilde. Mort le 6 avril 1187.

Simon de Beauchamp, fils de Payen (Paganus), seigneur de Bedford. Il vivait encore, paraît-il, en 1206.

Guillaume II d'Aubigny, fils de Guillaume I, qui fut investi par Henri I de l'office de bouteiller (pincerna), au couronnement du roi; il épousa la veuve de Henri I, Adèle, et fut créé, par Mathilde, comte d'Arundel; Henri II lui donna le comté de Sussex. Mort le 13 octobre 1176.

L'échanson Eudes Martel nous est mal connu.

Robert de Ferrières fut créé comte de Derby pour sa belle conduite à la bataille de l'Étendard (1138), et mourut l'année suivante (1139).

Guillaume II Peverel, fils de Guillaume I, fils naturel du Conquérant, qui lui donna de nombreux domaines dans le district du Peak et à Nottingham; il succéda, en 1113, à son père. Il servit fidèlement Étienne et combattit Henri II qui le força de s'exiler (1154).

Simon II de Senlis, comte de Northampton, fils de Simon I, qui fut un des témoins de la charte de Henri I; il fut fidèle au roi Étienne.

Guillaume d'Aumale, un des chefs de l'armée anglaise, qui, en 1138, remporta sur les Écossais la bataille de l'Étendard; il venait d'être fait comte d'York. Il mourut en 1179.

Payen (Paganus), fils de Jean, possédait sur la frontière galloise des terres qui furent saccagées en 1134 (voy. O. Vital, V, 43); il était frère d'Eustache, qui fonda, en 1147, le prieuré d'Alnwick.

Sur Hamon ou Haimon de Saint-Clair (-sur-Epte), les renseignements nous font défaut.

Ilbert II de Lacy ou mieux Lassy, fils de Robert, qui hérita de son père, Ilbert I, le château de Pontefract. Robert et Ilbert II portèrent les armes contre Henri I, qui les chassa d'Angleterre et confisqua leurs biens; Ilbert II les recouvra à l'avénement d'Étienne. Il combattit à la bataille de l'Étendard et mourut peu après sans enfants. Il ne faut pas confondre cette maison avec celle des Lacy établis dans la marche de Galles et plus tard en Irlande.

III. — CHARTE DE HENRI II

Cette charte, dont l'original est perdu, nous a été conservée dans le ms. Cotton. Claudius D. II, fol. 107 v°, et non, comme le dit par erreur Blackstone, p. VI, dans le « Livre rouge » de l'Échiquier. C'est là qu'elle a été copiée pour l'édition des *Statutes of the realm*, que nous avons suivie, après inspection du ms. Cf. Stubbs, *Select Charters*, p. 135. Elle n'est pas datée. Stubbs la place, avec raison sans doute, aussitôt après le couronnement de Henri II (19 déc. 1154).

Carta Regis Henrici secundi facta communitati regni.

Henricus Dei gracia rex Anglorum[1], dux Normannie et Aquitanie, et comes Andegavie, omnibus comitibus, baronibus et fidelibus suis Francis et Anglicis, salutem.

Sciatis me, ad honorem Dei et sancte Ecclesie, et pro communi emendacione tocius regni mei, concessisse, et reddidisse, et presenti carta mea confirmasse Deo et sancte Ecclesie, et omnibus comitibus, et baronibus, et omnibus hominibus meis, omnes concessiones, et donaciones, et libertates, et liberas consuetudines, quas rex Henricus avus meus eis dedit et concessit. Similiter eciam omnes malas consuetudines, quas ipse delevit et remisit, ego remitto et deleri concedo pro me et heredibus meis. Quare volo et firmiter precipio quod sancta Ecclesia, et omnes comites, et barones, et omnes mei homines, omnes illas consuetudines, et donaciones, et libertates, et liberas consuetudines

---

1. Ou *Anglie*. La copie du ms. Cotton. porte seulement : *Angl*. C'est seulement à partir de Jean que les rois d'Angleterre prirent officiellement le titre de *Rex Anglie*.

habeant et teneant libere et quiete, bene et in pace, et
integre, de me et heredibus meis, sibi et heredibus suis,
adeo libere, et quiete, et plenarie in omnibus, sicut rex
Henricus avus meus eis dedit, et concessit, et carta sua
confirmavit. Teste Ricardo de Luci[1] apud Westmonasterium.

---

1. Richard de Lucy, après avoir été un bon serviteur de Henri I, puis
d'Étienne, passa au service de Mathilde et de Henri II. Lors du traité conclu
entre Étienne et Henri, on lui confia la garde de la Tour de Londres et du
château de Winchester, à condition de les rendre à Henri Plantagenet, quand
celui-ci serait devenu roi. Il était justicier d'Angleterre avant la mort
d'Étienne, et occupa le même office auprès de Henri II pendant 25 ans. Il
mourut en 1179.

IV. — PÉTITION DES BARONS A JEAN SANS TERRE
(Juin 1215.)

Il existe de cette pétition, au British Museum (Londres), un exemplaire original, scellé sur double queue de parchemin du grand sceau royal. Cet original avait appartenu à l'archevêque de Cantorbéry Laud; il fut, par ordre de ce dernier, soustrait de son cabinet, avec ses papiers les plus précieux, quelques heures avant qu'il fût arrêté et que ses papiers fussent mis sous scellés. Il passa ensuite aux mains de l'évêque de Salisbury, Burnet, puis de son fils Thomas, enfin de David Mitchell, exécuteur testamentaire de ce dernier, et c'est avec l'autorisation de Mitchell que Blackstone put prendre (1759) la copie imprimée dans son ouvrage sur la Grande Charte, p. 1 (voir ce qu'il en dit lui-même dans la préface, p. xv). En 1769, il fut donné au British Museum, par Philippe, deuxième comte Stanhope; c'est là qu'il a été copié pour l'édition des *Statutes of the realm* (Charters of liberties, p. 6) et pour celle du Nouveau Rymer, I, 129, avec un fac-similé gravé. L'administration du Musée britannique vend des reproductions photographiques de ces *Capitula*, comme de la Grande Charte de Jean. La présente édition a été revue sur une de ces photographies.

Ista sunt Capitula que Barones petunt et dominus Rex concedit[1].

1. Post decessum antecessorum heredes plene etatis habebunt hereditatem suam per antiquum relevium exprimendum in carta.

----

1. Une main postérieure, mais du xiii° siècle, a mis au dos la cote suivante : « Articuli magne carte libertatum sub sigillo Regis Johannis. »

2. Heredes qui infra etatem sunt et fuerint in custodia, cum ad etatem pervenerint, habebunt heredit°*.?m suam sine relevio et fine.

3. Custos ter*o heredis capiet rationabiles exitus, co..sue-tudines, et servitia, sine destructione et vasto hominum et rerum suarum, et si custos terre fecerit destructionem et vastum, amittat custodiam; et custos sustentabit domos, parcos, vivaria, stagna, molendina et cetera ad terram illam pertinentia, de exitibus terre ejusdem; et ut heredes ita maritentur ne disparagentur et per consilium propinquo-rum de consanguinitate sua.

4. Ne vidua det aliquid pro dote sua, vel maritagio, post decessum mariti sui, sed maneat in domo sua per .xl. dies post mortem ipsius, et infra terminum illum assignetur ei dos; et maritagium statim habeat et hereditatem suam.

5. Rex vel ballivus non saisiet terram aliquam pro debito dum catalla debitoris sufficiunt; nec plegii debitoris distrin-gantur, dum capitalis debitor sufficit ad solutionem; si vero capitalis debitor defecerit in solutione, si plegii voluerint, habeant terras debitoris, donec debitum illud persolvatur plene, nisi capitalis debitor monstrare poterit se esse inde quietum erga plegios.

6. Rex non concedet alicui baroni quod capiat auxilium ue liberis hominibus suis, nisi ad corpus suum redimendum, et ad faciendum primogenitum filium suum militem, et ad primogenitam filiam suam semel maritandam, et hoc faciet per rationabile auxilium.

7. Ne aliquis majus servitium faciat de feodo militis quam inde debetur.

8. Ut communia placita non sequantur curiam domini regis, sed assignentur in aliquo certo loco; et ut recognitiones capiantur in eisdem comitatibus, in hunc modum : ut rex mittat duos justiciaros per .IIII^{or}. vices in anno, qui cum .IIII^{or}. militibus ejusdem comitatus electis per comitatum, capiant assisas de nova dissaisina, morte antecessoris, et ultima

presentatione, nec aliquis ob hoc sit summonitus nisi juratores et due partes.

9. Ut liber homo amercietur pro parvo delicto secuudum modum delicti, et, pro magno delicto, secuudum magnitudinem delicti, salvo continemento suo; villanus etiam eodem modo amercietur, salvo waynagio suo; et mercator eodem modo, salva marcandisa, per sacramentum proborum hominum de visneto.

10. Ut clericus amercietur de laico feodo suo secundum modum aliorum predictorum, et non secundum beneficium ecclesiasticum.

11. Ne aliqua villa amercietur pro pontibus faciendis ad riparias, nisi ubi de jure antiquitus esse solebant.

12. Ut mensura vini, bladi, et latitudines pannorum et rerum aliarum, emendetur; et ita de ponderibus.

13. Ut assise de nova dissaisina et de morto antecessoris abbrevientur; et similiter de aliis assisis.

14. Ut nullus vicecomes intromittat se de placitis ad coronam pertinentibus sine coronatoribus; et ut comitatus et hundredi sint ad antiquas firmas absque nullo incremento, exceptis dominicis maneriis regis.

15. Si aliquis tenens de rege moriatur, licebit vicecomiti vel alii ballivo regis seisire et imbreviare catallum ipsius per visum legalium hominum, ita tamen quod nichil inde amoveatur, donec plenius sciatur si debeat aliquod liquidum debitum domino regi, et tunc debitum regis persolvatur; residuum vero relinquatur executoribus ad faciendum testamentum defuncti; et si nichil regi debetur, omnia catalla cedant defuncto.

16. Si aliquis liber homo intestatus decesserit, bona sua per manum proximorum parentum suorum et amicorum et per visum ecclesie distribuantur.

17. Ne vidue distringantur ad se maritandum, dum volue-

rint sine marito vivere, ita tamen quod securitatem facient quod non maritabunt se sine assensu regis, si de rege teneant, vel dominorum suorum de quibus tenent.

18. Ne constabularius vel alius ballivus capiat blada vel alia catalla, nisi statim denarios inde reddat, nisi respectum habere possit de voluntate venditoris.

19. Ne constabularius possit distringere aliquem militem ad dandum denarios pro custodia castri, si voluerit facere custodiam illam in propria persona vel per alium probum hominem, si ipse eam facere non possit per rationabilem causam; et si rex eum duxerit in excercitum, sit quietus de custodia secundum quantitatem temporis.

20. Ne vicecomes, vel ballivus regis, vel aliquis alius, capiat equos vel carettas alicujus liberi hominis pro caria-gio faciendo, nisi ex voluntate ipsius.

21. Ne rex vel ballivus suus capiat alienum boscum ad castra vel ad alia agenda sua, nisi per voluntatem ipsius cujus boscus ille fuerit.

22. Ne rex teneat terram eorum qui fuerint convicti de felonia, nisi per unum annum et unum diem, sed tunc red-datur domino feodi.

23. Ut omnes kidelli de cetero penitus deponantur de Tamisia et Medeweye et per totam Angliam.

24. Ne breve quod vocatur « Precipe » de cetero fiat alicui de aliquo tenemento unde liber homo amittat curiam suam.

25. Si quis fuerit disseisitus vel prolongatus per regem sine juditio de terris, libertatibus, et jure suo, statim ei restituatur; et si contentio super hoc orta fuerit, tunc inde disponatur per juditium .xxv. baronum, et ut illi qui fuerint dissaisiti per patrem vel fratrem regis, rectum habeant sine dilatione per juditium parium suorum in curia regis; et si rex debeat habere terminum aliorum cruce signatorum, tunc archiepiscopus et episcopi faciant inde juditium ad certum diem, appellatione remota.

26. Ne aliquid detur pro brevi inquisitionis de vita vel membris, sed libere concedatur sine pretio et non negetur.

27. Si aliquis tenet de rege per feodi firmam, per sokagium, vel per burgagium, et de alio per servitium militis, dominus rex non habebit custodiam militum de feodo alterius, occasione burgagii vel sokagii, nec debet habere custodiam burgagii, sokagii, vel feodi firme; et quod liber homo non amittat militiam suam occasione parvarum sergantisarum, sicuti de illis qui tenent aliquod tenementum reddendo inde cuttellos vel sagittas vel hujusmodi.

28. Ne aliquis ballivus possit ponere aliquem ad legem simplici loquela sua sine testibus fidelibus.

29. Ne corpus liberi hominis capiatur, nec imprisonetur, nec dissaisietur, nec utlagetur, nec exuletur, nec aliquo modo destruatur, nec rex eat vel mittat super eum vi, nisi per juditium parium suorum vel per legem terre.

30. Ne jus vendatur vel differratur (sic) vel vetitum sit.

31. Quod mercatores habeant salvum ire et venire ad emendum vel vendendum, sine omnibus malis toltis, per antiquas et rectas consuetudines.

32. Ne scutagium vel auxilium ponatur in regno, nisi per commune consilium regni, nisi ad corpus regis redimendum, et primogenitum filium suum militem faciendum, et filiam suam primogenitam semel maritandam; et ad hoc fiat rationabile auxilium. Simili modo fiat de taillagiis et auxiliis de civitate London. et de aliis civitatibus que inde habent libertates, et ut civitas London. plene habeat antiquas libertates et liberas consuetudines suas, tam per aquas, quam per terras.

33. Ut liceat unicuique exire de regno et redire, salva fide domini regis, nisi tempore werre per aliquod breve tempus propter communem utilitatem regni.

34. Si quis mutuo aliquid acceperit a Judeis plus vel minus, et moriatur antequam debitum illud solvatur, debi-

tum non usurabit quamdiu heres fuerit infra etatem, de quocumque teneat; et si debitum illud inciderit in manum regis, rex non capiet nisi catallum quod continetur in carta.

35. Si quis moriatur et debitum debeat Judeis, uxor ejus habeat dotem suam; et si liberi remanserint, provideantur eis necessaria secundum tenementum; et de residuo solvatur debitum salvo servitio dominorum; simili modo fiat de aliis debitis; et ut custos terre reddat heredi, cum ad plenam etatem pervenerit, terram suam instauratam secundum quod rationabiliter poterit sustinere de exitibus terre ejusdem de carucis et wainnagiis.

36. Si quis tenuerit de aliqua eskaeta, sicut de honore Walingeford., Notingeham, Bononie, et Lankastrie, et de aliis eskaetis que sunt in manu regis et sunt baronie, et obierit, heres ejus non dabit aliud relevium, vel faciet regi aliud servitium quam faceret baroni; et ut rex eodem modo eam teneat quo baro eam tenuit.

37. Ut fines qui facti sunt pro dotibus, maritagiis, hereditatibus, et amerciamentis, injuste et contra legem terre, omnino condonentur; vel fiat inde per juditium .xxv. baronum, vel per juditium majoris partis eorumdem, una cum archiepiscopo et aliis quos secum vocare voluerit, ita quod, si aliquis vel aliqui de .xxv. fuerint in simili querela, amoveantur et alii loco illorum per residuos de .xxv. substituantur.

38. Quod obsides et carte reddantur, quae liberate fuerunt regi in securitatem.

39. Ut illi qui fuerint extra forestam non veniant coram justiciariis de foresta per communes summonitiones, nisi sint in placito vel plegii fuerint; et ut prave consuetudines de forestis et de forestariis, et warenniis, et vicecomitibus, et rivariis, emendentur per .xii. milites de quolibet comitatu, qui debent eligi per probos homines ejusdem comitatus.

40. Ut rex amoveat penitus de balliva parentes et totam sequelam Gerardi de Atyes, quod de cetero balliam non

habeant, scilicet Engelardum, Andream, Petrum, et Gyonem de Cancellis, Gyonem de Cygony, Matheum de Martiny, et fratres ejus; et Galfridum nepotem ejus et Philippum Mark [1].

41. Et ut rex amoveat alienigenas, milites, stipendiarios, balistarios, et ruttarios, et servientes qui veniunt cum equis et armis ad nocumentum regni.

42. Ut rex faciat justiciarios, constabularios, vicecomites, et ballivos, de talibus qui sciant legem terre et eam bene velint observare.

43. Ut barones qui fundaverunt abbatias, unde habent cartas regum vel antiquam tenuram, habeant custodiam earum cum vacaverint.

44. Si rex Walenses dissaisierit vel elongaverit de terris vel libertatibus, vel de rebus aliis in Anglia vel in Wallia, eis statim sine placito reddantur; et si fuerint dissaisiti vel elongati de tenementis suis Anglie per patrem vel fratrem regis sine juditio parium suorum, rex eis sine dilatione justiciam exhibebit, eo modo quo exhibet Anglicis justiciam de tenementis suis Anglie secundum legem Anglie, et de tenementis Wallie secundum legem Wallie, et de tenementis Marchie secundum legem Marchie; idem facient Walenses regi et suis.

45. Ut rex reddat filium Lewelini et preterea omnes obsides de Wallia, et cartas que ei liberate fuerunt in securitatem pacis...................... nisi aliter esse debeat per cartas quas rex habet, per juditium archiepiscopi et aliorum quos secum vocare voluerit.

46. Ut rex faciat regi Scottorum de obsidibus reddendis, et de libertatibus suis, et jure suo, secundum formam quam facit baronibus Anglie........

1. Sur les différents personnages cités dans cet article, voyez les détails réunis par R. Thomson dans son *Historical essay on the Magna Charta of King John*, p. 243-245 : mais ils ne suffisent pas pour esquisser même leur biographie, ni surtout pour indiquer leur origine. On peut conjecturer cependant, si l'on rapproche l'article 40 du suivant, qu'ils venaient du nord de la

47. Et omnes foreste que sunt aforestate per regem tempore suo deafforestentur, et ita fiat de ripariis que per ipsum regem sunt in defenso.

48. Omnes autem istas consuetudines et libertates quas rex concessit regno tenendas quantum ad se pertinet erga suos, omnes de regno tam clerici quam laici observabunt quantum ad se pertinet erga suos.

49. Hec est forma securitatis ad observandum pacem et libertates inter regem et regnum. Barones eligent .xxv. barones de regno quos voluerint, qui debent pro totis viribus suis observare, tenere et facere observari, pacem et libertates quas dominus rex eis concessit et carta sua confirmavit; ita videlicet quod si rex, vel justiciarius[1], vel ballivi regis, vel aliquis de ministris suis, in aliquo erga aliquem deliquerit, vel aliquem articulorum pacis aut securitatis transgressus fuerit, et delictum ostensum fuerit .iiii^{or}. baronibus de predictis .xxv. baronibus, illi .iiii^{or}. barones accedent ad dominum regem, vel ad justiciarium suum, si rex fuerit extra regnum; proponentes ei excessum, petent ut excessum illum sine dilatione faciat emendari; et si rex vel justiciarius ejus illud non emendaverit, si rex fuerit extra regnum, infra rationabile tempus determinandum in carta, predicti .iiii^{or}. referent causam illam ad residuos de illis. xxv. baronibus, et illi .xxv. cum communa totius terre distringent et gravabunt regem modis omnibus quibus poterunt, scilicet per captionem castrorum, terrarum, possessionum, et aliis modis quibus poterunt, donec fuerit emendatum secundum arbitrium eorum, salva persona domini regis et regine et

France, de la Flandre ou du Brabant; c'est là sans doute qu'il faudrait chercher les pays dont ils portent les noms. Roger de Wendover place au nombre des « consiliarii iniquissimi » de Jean sans terre : « Philippus Marci castellanus de Notingeham », « Gerardus de Atie et Ingelardus nepos ejus. » (Éd. Luard, II, 533.)

1. L'original porte seulement ici, comme dans tout le reste de l'article : *justic.*, laissant au lecteur de décider comment il faut terminer le mot, et s'il faut le mettre au singulier ou au pluriel; mais cinq lignes plus bas, il est sûr qu'il faut le singulier, puisque le mot abrégé est suivi de *suum* écrit en toutes lettres. Enfin, si l'on se reporte à l'art. 18 de la Grande charte de Jean, on se convaincra qu'il faut, partout ici, lire : *justiciarius*.

liberorum suorum; et cum fuerit emendatum, intendant domino regi sicut prius. Et quicumque voluerit de terra jurabit se ad predicta exequenda pariturum mandatis predictorum .xxv. baronum, et gravaturum regem pro posse suo cum ipsis; et rex pubblice et libero dabit licentiam jurandi cuilibet qui jurare voluerit, et nulli umquam jurare prohibebit. Omnes autem illos de terra qui sponte sua et per se noluerint jurare .xxv. baronibus de distringendo et gravando regem cum eis, rex faciet jurare eosdem de mandato suo sicut predictum est. Item si aliquis de predictis .xxv. baronibus decesserit, vel a terra recesserit, vel aliquo modo alio impeditus fuerit quominus ista predicta possint exequi, qui residui fuerint de .xxv. eligent alium loco ipsius pro arbitrio suo, qui simili modo erit juratus quo et ceteri. In omnibus autem que istis .xxv. baronibus committuntur exequenda, si forte ipsi .xxv. presentes fuerint et inter se super re aliqua discordaverint, vel aliqui ex eis vocati nolint vel nequeant interesse, ratum habebitur et firmum quod major pars ex eis providerit vel preceperit, ac si omnes .xxv. in hoc consensissent; et predicti .xxv. jurabunt quod omnia antedicta fideliter observabunt et pro toto posse suo facient observari. Preterea rex faciet eos securos per cartas archiepiscopi et episcoporum et magistri Pandulfi[1], quod nichil impetrabit a domino papa per quod aliqua istarum conventionum revocetur vel minuatur, et, si aliquid tale impetraverit, reputetur irritum et inane et numquam eo utatur.

---

1. Sur ce personnage, voyez les « Notes biographiques » à la fin de la Charte de Jean sans Terre.

V. — GRANDE CHARTE DE JEAN SANS TERRE

(15 juin 1215.)

Avant l'extrême fin du xvii° siècle, on semble n'avoir connu aucun exemplaire original de cette Grande Charte ; mais seulement l'Inspeximus d'Édouard I ; du moins Madox[1] et Brady[2] ne citent que celui-là. Si Rymer ne publia dans ses *Fœdera* ni la Grande Charte, ni la charte de la Forêt, ni aucun des textes auxquels elles donnèrent lieu, c'est peut-être parce qu'il ne les vit pas dans les archives de la Tour de Londres[3]. Cependant, avant même l'apparition du tome I des *Fœdera*, Tyrrel avait parlé d'un original retrouvé dans la bibliothèque Cottonienne[4]. Puis Care en signala plusieurs exemplaires, mais avec assez peu de précision pour qu'on soit certain qu'il ne les avait pas vus lui-même[5]. Quand la Cottonienne fut mieux explorée, on y constata l'existence de deux originaux, les deux seuls que possède le Musée britannique. Blackstone n'en connut pas d'autres. Tyrrell, il est vrai, en avait signalé un aux archives capitulaires de Salisbury ; mais quand les membres de la Commission des Archives visitèrent pour la première fois ces archives, il avait disparu[6]. Il fut retrouvé seulement quelques années plus tard (en 1814).

Actuellement on connaît de cette Grande Charte quatre exem-

---

1. *Firma burgi*, p. 45.
2. *A complete history of England*. Préface générale, p. xxxvi. En appendice, p. 126 et suiv., il a publié la Grande Charte de Jean « telle qu'elle est dans Mathieu Paris, en la comparant avec un ms. de la bibliothèque de Bennet College ».
3. La première mention formelle de la Grande Charte, que l'on rencontre dans les anciennes éditions des *Fœdera*, est dans un acte de 1297 : « De octava levanda et Magna Carta propter eandem levanda. » Les éditeurs du Nouveau Rymer s'étonnent, non sans cause, de cette singulière omission. Rymer avait cependant publié la bulle d'Innocent III annulant la Charte, qu'elle ne nomme pas, il est vrai.
4. *General history of England*, II, app.
5. *English liberties*, 4° édit., p. 5.
6. Voyez le premier rapport des Commissaires, p. 179.

plaires originaux : l'un est aux archives capitulaires de Lincoln[1] ;
un second est celui de Salisbury ; les deux autres appartiennent
au fonds Cottonien du British Museum. Le premier de ceux-ci
(Cotton. Charters, XIII, 31 a) a été tellement endommagé par
l'incendie du 23 octobre 1731, qu'il est presque illisible ; la cire
du sceau a été amollie et l'empreinte est méconnaissable. Le
second (Cotton. Augustus, II, 106), celui dont parle Tyrrell,
est très bien conservé. Il avait été donné à Cotton par Humphrey
Wyems, le 1er janvier 1628 (ancien style), c'est-à-dire peu de temps
après que la Pétition des droits eût été acceptée par Charles I.

Au lendemain de l'incendie de 1731, parut un fac-similé, gravé
par John Pine, d'un de ces originaux de la Cottonienne. Il est
imprimé sur vélin ; le graveur y a joint la reproduction, en cou-
leur, des sceaux des vingt-cinq barons chargés d'assurer l'exécution de la Grande Charte ; enfin il est accompagné d'une mince
plaquette contenant la transcription littérale et la traduction en
anglais du document. Un fac-similé de même nature se trouve
dans les « Charters of liberties » et dans le Nouveau Rymer (1816) ;
il reproduit l'exemplaire de Lincoln. D'autres fac-similés gravés
ont encore paru à Londres en 1822, en 1830, en 1847, en 1850.
Ils sont maintenant tous remplacés avantageusement par un fac-
similé photographique, publié et mis en vente par l'administration du British Museum[2], avec la Pétition des Barons en 1215.
Ce fac-similé reproduit l'original du manuscrit Cotton Aug. II,
106 ; c'est lui que nous avons suivi dans la présente édition.

Il serait sans intérêt pratique d'énumérer toutes les copies
anciennes de la Grande Charte qui existent encore en manuscrit.
Ajoutons seulement que, de très bonne heure, elle a été traduite
en français. Dachery, dans son Spicilegium (édit. fol., III, 579 ;
édit. in-4°, XII, 573), a publié une de ces traductions qui lui avait
été fournie par Antoine Vion d'Hérouval ; nous ignorons quelle
en est la provenance. Il y en a des copies dans divers mss. du
British Museum, de Cambridge (cf. Blackstone, p. xxxviii), etc.

Entre la Grande Charte de 1215 et la Pétition des Barons,
notons cette différence matérielle que, dans la Pétition, les capi-

---

1. Il est curieux que Th.-D. Hardy, quand il publia ses Rotuli Chartarum
(1837), dise « qu'on n'avait encore trouvé aucun exemplaire original de la
Grande Charte de Jean. Ce qu'on appelle l'exemplaire de Lincoln est certainement de date postérieure ». Certainement, il ne l'avait pas vu.

2. Il y en a aussi deux reproductions photographiques, mais trop réduites,
dans les Facsimiles of national manuscripts.

tula sont séparés les uns des autres par des alinéas, tandis que les articles de la Grande Charte sont écrits à la suite jusqu'à la fin. Nous avons reproduit la numérotation des éditions modernes.

Concordia inter Regem Johannem et Barones pro concessione libertatum ecclesie et regni Anglie[1].

Johannes Dei gracia rex Anglie, dominus Hibernie, dux Normannie, Aquitannie et comes Andegavie, archiepiscopis, episcopis, abbatibus, comitibus, baronibus, justiciariis, forestariis, vicecomitibus, prepositis, ministris et omnibus ballivis et fidelibus suis salutem. Sciatis nos intuitu Dei et pro salute anime nostre et omnium antecessorum et heredum nostrorum ad *honorem Dei et* exaltacionem sancte Ecclesie, et emendacionem regni nostri, *per consilium venerabilium patrum nostrorum, Stephani Cantuariensis archiepiscopi, tocius Anglie primatis et sancte Romane ecclesie cardinalis, Henrici Dublinensis archiepiscopi, Willelmi Londoniensis, Petri Wintoniensis, Joscelini Bathoniensis et Glastoniensis, Hugonis Lincolniensis, Walteri Wygorniensis, Willelmi Coventriensis, et Benedicti Roffensis, episcoporum ; magistri Pandulfi domini pape subdiaconi et familiaris, fratris Ayme- rici magistri milicie Templi in Anglia ; et nobilium virorum Willelmi Mariscalli comitis Penbrocie, Willelmi comitis Sar- risberie, Willelmi comitis Warennie, Willelmi comitis Arun- dellie, Alani de Galeweya constabularii Scocie, Warini filii Geroldi, Petri filii Hereberti, Huberti de Burgo senescalli Pictavie, Hugonis de Nevilla, Mathei filii Hereberti, Thome Basset, Alani Basset, Philippi de Albiniaco, Roberti de Roppel., Johannis Mariscalli, Johannis filii Hugonis et alio- rum fidelium nostrorum.*

1. In primis concessisse Deo et hac presenti carta nostra confirmasse, pro nobis et heredibus nostris in perpetuum,

---

quod Anglicana ecclesia libera sit, et habeat jura sua integra, et libertates suas illesas; *et ita volumus observari; quod apparet ex eo quod libertatem electionum, que maxima et magis necessaria reputatur Ecclesie Anglicane, mera et spontanea voluntate, ante discordiam inter nos et barones nostros motam, concessimus et carta nostra*[1] *confirmavimus, et eam obtinuimus a domino papa Innocentio tercio confirmari; quam et nos observabimus et ab heredibus nostris in perpetuum bona fide volumus observari.* Concessimus eciam omnibus liberis hominibus regni nostri, pro nobis et heredibus nostris in perpetuum, omnes libertates subscriptas, habendas et tenendas eis et heredibus suis, de nobis et heredibus nostris.

2. Si quis comitum vel baronum nostrorum, sive aliorum tenencium de nobis in capite per servicium militare, mortuus fuerit, et cum decesserit heres suus plene etatis fuerit et relevium debeat, habeat hereditatem suam per antiquum relevium; scilicet heres vel heredes comitis de baronia comitis integra per centum libras; heres vel heredes baronis de baronia integra per centum libras (*sic*); heres vel heredes militis de feodo militis integro per centum solidos ad plus; et qui minus debuerit minus det secundum antiquam consuetudinem feodorum.

3. Si autem heres alicujus talium fuerit infra etatem et fuerit in custodia, cum ad etatem pervenerit, habeat hereditatem suam sine relevio et sine fine.

4. Custos terre hujusmodi heredis qui infra etatem fuerit, non capiat de terra heredis nisi racionabiles exitus, et racionabiles consuetudines, et racionabilia servicia, et hoc sine destructione et vasto hominum vel rerum; et si nos commiserimus custodiam alicujus talis terre vicecomiti vel alicui alii qui de exitibus illius nobis respondere debeat, et

---

1 Cette charte, que Stubbs a publiée, p. 288, d'après les *Statutes of the realm*, Charters of liberties, p. 5, est datée du 21 nov. 1214; la confirmation d'Innocent III est du 30 mars 1215. Voyez Potthast, *Regesta pontificum romanorum*, n° 4963.

ille destructionem de custodia fecerit vel vastum, nos ab illo capiemus emendam, et terra committatur duobus legalibus et discretis hominibus de feodo illo, qui de exitibus respondeant nobis vel ei cui eos assignaverimus; et si dederimus vel vendiderimus alicui custodiam alicujus talis terre, et ille destructionem inde fecerit vel vastum, amittat ipsam custodiam, et tradatur duobus legalibus et discretis hominibus de feodo illo qui similiter nobis respondeant sicut predictum est.

5. Custos autem, quamdiu custodiam terre habuerit, sustentet domos, parcos, vivaria, stagna, molendina, et cetera ad terram illam pertinencia, de exitibus terre ejusdem; et reddat heredi, cum ad plenam etatem pervenerit, terram suam totam instauratam de carucis *et waynagiis*, *secundum quod tempus waynagii exiget et exitus terre racionabiliter poterunt sustinere.*

6. Heredes maritentur absque disparagacione, *ita tamen quod, antequam contrahatur matrimonium, ostendatur propinquis de consanguinitate ipsius heredis.*

7. Vidua post mortem mariti sui statim et sine difficultate habeat maritagium et hereditatem suam, nec aliquid det pro dote sua, vel pro maritagio suo, vel hereditate sua, quam hereditatem maritus suus et ipsa tenuerint die obitus ipsius mariti, et maneat in domo mariti sui per quadraginta dies post mortem ipsius, infra quos assignetur ei dos sua.

8. Nulla vidua distringatur ad se maritandum, dum voluerit vivere sine marito, ita tamen quod securitatem faciat quod se non maritabit sine assensu nostro, si de nobis tenuerit, vel sine assensu domini sui de quo tenuerit, si de alio tenuerit.

9. Nec nos nec ballivi nostri seisiemus terram aliquam nec redditum pro debito aliquo, quamdiu catalla debitoris sufficiunt ad debitum reddendum; nec plegii ipsius debitoris distringantur quamdiu ipse capitalis debitor sufficit ad solucionem debiti; et si capitalis debitor defecerit in solucione

debiti, non habens unde solvat, plegii respondeant de debito; et, si voluerint, habeant terras et redditus debitoris, donec sit eis satisfactum de debito quod ante pro eo solverint, nisi capitalis debitor monstraverit se esse quietum inde versus eosdem plegios.

10. *Si quis mutuo ceperit aliquid a Judeis, plus vel minus, et moriatur antequam debitum illud solvatur, debitum non usuret quamdiu heres fuerit infra etatem, de quocumque teneat; et si debitum illud inciderit in manus nostras, nos non capiemus nisi catallum contentum in carta.*

11. *Et si quis moriatur, et debitum debeat Judeis, uxor ejus habeat dotem suam, et nichil reddat de debito illo; et si liberi ipsius defuncti qui fuerint infra etatem remanserint, provideantur eis necessaria secundum tenementum quod fuerit defuncti, et de residuo solvatur debitum, salvo servicio dominorum; simili modo fiat de debitis que debentur aliis quam Judeis.*

12. *Nullum scutagium vel auxilium ponatur in regno nostro, nisi per commune consilium regni nostri, nisi ad corpus nostrum redimendum, et primogenitum filium nostrum militem faciendum, et ad filiam nostram primogenitam semel maritandam, et ad hec non fiat nisi racionabile auxilium; simili modo fiat de auxiliis de civitate London.*

13. *Et civitas London.* habeat omnes antiquas libertates et liberas consuetudines suas, *tam per terras, quam per aquas.* Preterea volumus et concedimus quod omnes alie civitates, et burgi, et ville, et portus, habeant omnes libertates et liberas consuetudines suas.

14. *Et ad habendum commune consilium regni de auxilio assidendo aliter quam in tribus casibus predictis, vel de scutagio assidendo, summoneri faciemus archiepiscopos, episcopos, abbates, comites, et majores barones sigillatim per litteras nostras; et preterea faciemus summoneri in generali per vicecomites et ballivos nostros omnes illos qui de nobis tenent in capite ad certum diem, scilicet ad termi-*

num quadraginta dierum ad minus, et ad certum locum; et in omnibus litteris illius summonicionis causam summonicionis exprimemus; et sic facta summonicione negocium ad diem assignatum procedat secundum consilium illorum qui presentes fuerint, quamvis non omnes summoniti venerint.

15. *Nos non concedemus de cetero alicui quod capiat auxilium de liberis hominibus suis, nisi ad corpus suum redimendum, et ad faciendum primogenitum filium suum militem, et ad primogenitam filiam suam semel maritandam, et ad hec non fiat nisi racionabile auxilium.*

16. Nullus distringatur ad faciendum majus servicium de feodo militis, nec de alio libero tenemento, quam inde debetur.

17. Communia placita non sequantur curiam nostram, set teneantur in aliquo loco certo.

18. Recogniciones de nova disseisina, de morte antecessoris, *et de ultima presentacione,* non capiantur nisi in suis comitatibus et hoc modo : nos, vel si extra regnum fuerimus, capitalis justiciarius noster, mittemus *duos* justiciarios per unum quemque comitatum per quatuor vices in anno, qui, cum *quatuor* militibus cujuslibet comitatus *electis per comitatum,* capiant in comitatu *et in die et loco comitatus* assisas predictas.

19. *Et si in die comitatus assise predicte capi non possint, tot milites et libere tenentes remaneant de illis qui interfuerint comitatui die illo, per quos possint judicia sufficienter fieri, secundum quod negocium fuerit majus vel minus.*

20. Liber homo non amercietur pro parvo delicto, nisi secundum modum delicti; et pro magno delicto amercietur secundum magnitudinem delicti, salvo contenemento suo ; et mercator eodem modo, salva mercandisa sua ; et villanus eodem modo amercietur salvo waynagio suo, si inciderint in misericordiam nostram; et nulla predictarum misericordiarum ponatur, nisi per sacramentum proborum hominum de visneto.

21. Comites et barones non amercientur nisi per pares suos, et non nisi secundum modum delicti.

22. Nullus clericus amercietur de laico tenemento suo, nisi secundum modum aliorum predictorum, et non secundum quantitatem beneficii sui ecclesiastici.

23. Nec villa nec homo distringatur facere pontes ad riparias, nisi qui ab antiquo et de jure facere debent.

24. Nullus vicecomes, constabularius, coronatores, vel alii ballivi nostri, teneant placita corone nostre.

25. *Omnes comitatus, hundredi, wapentakii, et trethingi sint ad antiquas firmas absque ullo incremento, exceptis dominicis maneriis nostris.*

26. Si aliquis tenens de nobis laicum feodum moriatur, et vicecomes vel ballivus noster ostendat litteras nostras patentes de summonicione nostra de debito quod defunctus nobis debuit, liceat vicecomiti vel ballivo nostro attachiare et imbreviare catalla defuncti inventa in laico feodo, ad valenciam illius debiti, per visum legalium hominum, ita tamen quod nichil inde amoveatur, donec persolvatur nobis debitum quod clarum fuerit, et residuum relinquatur executoribus ad faciendum testamentum defuncti; et, si nichil nobis debeatur ab ipso, omnia catalla cedant defuncto, salvis uxori ipsius et pueris racionabilibus partibus suis.

27. *Si aliquis liber homo intestatus decesserit, catalla sua per manus propinquorum parentum et amicorum suorum, per visum ecclesie distribuantur, salvis unicuique debitis que defunctus ei debebat.*

28. Nullus constabularius, vel alius ballivus *noster*, capiat blada vel alia catalla alicujus, nisi statim inde reddat denarios, aut respectum inde habere possit de voluntate venditoris.

29. Nullus constabularius distringat aliquem militem ad dandum denarios pro custodia castri, si facere voluerit custodiam illam in propria persona sua, vel per alium probum

hominem, si ipse eam facere non possit propter racionabilem causam; et si nos duxerimus vel miserimus eum in exercitum, erit quietus de custodia, secundum quantitatem temporis quo per nos fuerit in exercitu.

30. Nullus vicecomes, vel ballivus noster, vel aliquis alius, capiat equos vel carettas alicujus *liberi hominis* pro cariagio faciendo, nisi de voluntate ipsius liberi hominis.

31. Nec nos nec ballivi nostri capiemus alienum boscum ad castra vel alia agenda nostra, nisi per voluntatem ipsius cujus boscus ille fuerit.

32. Nos non tenebimus terras illorum qui convicti fuerint de felonia, nisi per unum annum et unum diem, et tunc reddantur terre dominis feodorum.

33. Omnes kidelli de cetero deponantur penitus de Tamisia, et de Medewaye, et per totam Angliam, nisi per costeram maris.

34. Breve quod vocatur « Precipe » de cetero non fiat alicui de aliquo tenemento unde liber homo amittere possit curiam suam.

35. Una mensura vini sit per totum regnum nostrum, et una mensura cervisie, et una mensura bladi, scilicet quarterium Londoniense, et una latitudo pannorum tinctorum et russetorum et halbergettorum, scilicet due ulne infra listas; de ponderibus autem sit ut de mensuris.

36. Nichil detur *vel capiatur* de cetero pro brevi inquisicionis de vita vel membris, set gratis concedatur et non negetur.

37. Si aliquis teneat de nobis per feodifirmam, vel per sokagium, vel per burgagium, et de alio terram teneat per servicium militare, nos non habebimus custodiam heredis nec terre sue que est de feodo alterius, occasione illius feodifirme, vel sokagii, vel burgagii; nec habebimus custodiam illius feodifirme, vel sokagii, vel burgagii, nisi ipsa feodifirma debeat servicium militare. Nos non habebimus custo-

diam heredis vel terre alicujus, quam tenet de alio per servicium militare, occasione alicujus parve serjanterie quam tenet de nobis per servicium reddendi nobis cultellos, vel sagittas, vel hujusmodi.

38. Nullus ballivus ponat decetero aliquem ad legem simplici loquela sua, sine testibus fidelibus ad hoc inductis.

39. Nullus liber homo capiatur, vel imprisonetur, aut disseisiatur, aut utlagetur, aut exuletur, aut aliquo modo destruatur, nec super eum ibimus, nec super eum mittemus, nisi per legale judicium parium suorum vel per legem terre [1].

40. Nulli vendemus, nulli negabimus, aut differemus rectum aut justiciam.

41. Omnes mercatores habeant salvum et securum exire de Anglia, et venire in Angliam, et morari, et ire per Angliam, tam per terram quam per aquam, ad emendum et vendendum, sine omnibus malis toltis, per antiquas et rectas consuetudines, preterquam in tempore gwerre, et si sint de terra contra nos gwerrina; et si tales inveniantur in terra nostra in principio gwerre, attachientur sine dampno corporum et rerum, donec sciatur a nobis vel capitali justiciario nostro quomodo mercatores terre nostre tractentur, qui tunc invenientur in terra contra nos gwerrina; et si nostri salvi sint ibi, alii (...) sint in terra nostra.

42. *Liceat unicuique decetero exire de regno nostro, et redire, salvo et secure, per terram et per aquam, salva fide nostra, nisi tempore gwerre per aliquod breve tempus, propter communem utilitatem regni, exceptis imprisonatis et utlagatis secundum legem regni, et gente de terra contra nos gwerrina, et mercatoribus, de quibus fiat sicut predictum est.*

43. Si quis tenuerit de aliqua eskaeta, sicut de honore

---

1. Le roi s'était déjà exécuté sur cet article avant la Grande Charte, comme le prouve une charte du 10 mai 1215 publiée au Nouveau Rymer, I, 128. On y lit : « Sciatis nos concessisse baronibus nostris qui contra nos sunt, quod nec eos nec homines suos capiemus nec dissaisiemus, nec super eos per vim vel per arma ibimus, nisi per legem regni nostri, vel per judicium parium suorum in curia nostra..... »

Wallingefordie, Notingeham, Bolonie, Lancastrie, vel de aliis eskaetis que sunt in manu nostra et sunt baronie, et obierit, heres ejus non det aliud relevium, nec faciat nobis aliud servicium quam faceret baroni si baronia illa esset in manu baronis; et nos eodem modo eam tenebimus quo baro eam tenuit.

44. *Homines qui manent extra forestam non veniant de-cetero coram justiciariis nostris de foresta per communes summoniciones, nisi sint in placito, vel plegii alicujus vel aliquorum, qui attachiati sint pro foresta.*

45. *Nos non faciemus justiciarios, constabularios, vice-comites, vel ballivos, nisi de talibus qui sciant legem regni et eam bene velint observare.*

46. Omnes *barones* qui fundaverunt abbacias, unde habent cartas regum Anglie, vel antiquam tenuram, habeant earum custodiam cum vacaverint, sicut habere debent.

47. *Omnes foreste que afforestate sunt tempore nostro, statim deafforestentur; et ita fiat de ripariis que per nos tempore nostro posite sunt in defenso.*

48. *Omnes male consuetudines de forestis et warennis, et de forestariis et warennariis, vicecomitibus et eorum minis-tris, ripariis et earum custodibus, statim inquirantur in quo-libet comitatu per duodecim milites juratos de eodem comi-tatu, qui debent eligi per probos homines ejusdem comitatus, et infra quadraginta dies post inquisicionem factam, penitus, ita quod numquam revocentur, deleantur [per eosdem, ita quod nos hoc sciamus prius, vel justiciarius noster, si in Anglia non fuerimus[1]].*

49. *Omnes obsides et cartas statim reddemus que liberate fuerunt nobis ab Anglicis in securitatem pacis vel fidelis servicii.*

50. *Nos amovebimus penitus de balliis parentes Gerardi*

---

1. Dans le fac-similé du Br. Mus. les mots entre crochets, ici et à l'art. 53, sont rejetés sous forme de renvoi au bas de l'acte.

de Athyes, quod decetero nullam habeant balliam in Anglia, Engelardum de Cygony, Petrum et Gionem et Andream de Cancellis, Gionem de Cygony, Galfridum de Martinny et fratres ejus, Philippum Marc. et fratres ejus, et Galfridum nepotem ejus, et totam sequelam eorundem.

51. *Et statim post pacis reformacionem amovebimus de regno omnes alienigenas milites, balistarios, servientes, stipendiarios, qui venerint cum equis et armis ad nocumentum regni.*

52. *Si quis fuerit disseisitus vel elongatus per nos sine legali judicio parium suorum, de terris, castellis, libertatibus, vel jure suo, statim ea ei restituemus; et si contencio super hoc orta fuerit, tunc inde fiat per judicium viginti quinque baronum, de quibus fit mencio inferius in securitate pacis. De omnibus autem illis de quibus aliquis disseisitus fuerit vel elongatus sine legali judicio parium suorum, per Henricum regem patrem nostrum vel per Ricardum regem fratrem nostrum, que in manu nostra habemus, vel que alii tenent, que nos oporteat warantizare, respectum habebimus usque ad communem terminum crucesignatorum; exceptis illis de quibus placitum motum fuit vel inquisicio facta per preceptum nostrum, ante suscepcionem crucis nostre : cum autem redierimus de peregrinacione nostra, vel si forte remanserimus a peregrinacione nostra, statim inde plenam justiciam exhibebimus.*

53. *Eundem autem respectum habebimus [et eodem modo de justicia exhibenda], de forestis deafforestandis [vel remanseris forestis] quas Henricus pater noster vel Ricardus frater noster afforestaverunt, et de custodiis terrarum que sunt de alieno feodo, cujusmodi custodias hucusque habuimus occasione feodi quod aliquis de nobis tenuit per servicium militare, et de abbaciis que fundate fuerint in feodo alterius quam nostro, in quibus dominus feodi dixerit se jus habere; et cum redierimus, vel si remanserimus a peregrinatione nostra, super hiis conquerentibus plenam justiciam statim exhibebimus.*

54. Nullus capiatur nec imprisonetur propter appellum femine de morte alterius quam viri sui.

55. *Omnes fines qui injuste et contra legem terre facti sunt nobiscum, et omnia amerciamenta facta injuste et contra legem terre, omnino condonentur, vel fiat inde per judicium viginti quinque baronum de quibus fit mencio inferius in securitate pacis, vel per judicium majoris partis eorundem, una cum predicto Stephano Cantuariensi archiepiscopo, si interesse poterit, et aliis quos secum ad hoc vocare voluerit. Et si interesse non poterit, nichilominus procedat negocium sine eo, ita quod, si aliquis vel aliqui de predictis viginti quinque baronibus fuerint in simili querela, amoveantur quantum ad hoc judicium, et alii loco eorum per residuos de eisdem viginti quinque, tantum ad hoc faciendum electi et jurati substituantur.*

56. *Si nos disseisivimus vel elongavimus Walenses de terris vel libertatibus vel rebus aliis, sine legali judicio parium suorum, in Anglia vel in Wallia, eis statim reddantur; et si contencio super hoc orta fuerit, tunc inde fiat in Marchia per judicium parium suorum; de tenementis Anglie secundum legem Anglie; de tenementis Wallie secundum legem Wallie; de tenementis Marchie secundum legem Marchie. Idem facient Walenses nobis et nostris.*

57. *De omnibus autem illis de quibus aliquis Walensium disseisitus fuerit vel elongatus, sine legali judicio parium suorum, per Henricum regem patrem nostrum vel Ricardum regem fratrem nostrum, que nos in manu nostra habemus, vel que alii tenent que nos oporteat warantizare, respectum habebimus usque ad communem terminum crucesignatorum, illis exceptis de quibus placitum motum fuit vel inquisicio facta per preceptum nostrum ante suscepcionem crucis nostre; cum autem redierimus, vel si forte remanserimus a peregrinatione nostra, statim eis inde plenam justitiam exhibebimus, secundum leges Walensium et partes predictas.*

58. *Nos reddemus filium Lewelini statim, et omnes obsides de Wallia, et cartas que nobis liberate fuerunt in securitate pacis.*

59. *Nos faciemus Alexandro regi Scottorum de sororibus suis, et obsidibus reddendis, et libertatibus suis, et jure suo, secundum formam in qua faciemus aliis baronibus nostris Anglie, nisi aliter esse debeat per cartas quas habemus de Willelmo patre ipsius, quondam rege Scottorum; et hoc erit per judicium parium suorum in curia nostra.*

60. Omnes autem istas consuetudines predictas et libertates quas nos concessimus in regno nostro tenendas quantum ad nos pertinet erga nostros, omnes de regno nostro, tam clerici quam laici, observent quantum ad se pertinet erga suos.

?1. *Cum autem pro Deo, et ad emendacionem regni nostri, et ad melius sopiendum discordiam inter nos et barones nostros ortam, hec omnia predicta concesserimus, volentes ea integra et firma stabilitate in perpetuum gaudere, facimus et concedimus eis securitatem subscriptam; videlicet quod barones eligant viginti quinque barones de regno quos voluerint, qui debeant pro totis viribus suis observare, tenere, et facere observari, pacem et libertates quas eis concessimus, et hac presenti carta nostra confirmavimus; ita scilicet quod, si nos, vel justiciarius noster, vel ballivi nostri, vel aliquis de ministris nostris, in aliquo erga aliquem deliquerimus, vel aliquem articulorum pacis aut securitatis transgressi fuerimus, et delictum ostensum fuerit quatuor baronibus de predictis viginti quinque baronibus, illi quatuor barones accedant ad nos vel ad justiciarium nostrum, si fuerimus extra regnum, proponentes nobis excessum; petent ut excessum illum sine dilacione faciamus emendari. Et si nos excessum non emendaverimus, vel, si fuerimus extra regnum, justiciarius noster non emendaverit infra tempus quadraginta dierum computandum a tempore quo monstratum fuerit nobis vel justiciario nostro, si extra regnum fuerimus, predicti quatuor barones referant causam illam ad residuos de illis viginti quinque baronibus, et illi viginti quinque barones cum communia tocius terre distringent et gravabunt nos modis omnibus quibus poterunt, scilicet per capcionem cas-*

trorum, terrarum, possessionum, et aliis modis quibus pote-
runt, donec fuerit emendatum secundum arbitrium eorum,
salva persona nostra et regine nostre et liberorum nostro-
rum; et cum fuerit emendatum intendent nobis sicut prius
fecerunt. Et quicumque voluerit de terra juret quod ad pre-
dicta omnia exequenda parebit mandatis predictorum viginti
quinque baronum, et quod gravabit nos pro posse suo cum
ipsis, et nos publice et libere damus licenciam jurandi cuilibet
qui jurare voluerit, et nulli umquam jurare prohibebimus.
Omnes autem illos de terra qui per se et sponte sua noluerint
jurare viginti quinque baronibus de distringendo et gravando
nos cum eis, faciemus jurare eosdem de mandato nostro
sicut predictum est. Et si aliquis de viginti quinque baronibus
decesserit, vel a terra recesserit, vel aliquo alio modo impe-
ditus fuerit, quominus ista predicta possent exequi, qui resi-
dui fuerint de predictis viginti quinque baronibus eligant
alium loco ipsius, pro arbitrio suo, qui simili modo erit
juratus quo et ceteri. In omnibus autem que istis viginti
quinque baronibus committuntur exequenda, si forte ipsi
viginti quinque presentes fuerint, et inter se super re aliqua
discordaverint, vel aliqui ex eis summoniti nolint vel nequeant
interesse, ratum habeatur et firmum quod major pars eorum
qui presentes fuerint providerit, vel preceperit ac si omnes
viginti quinque in hoc consensissent; et predicti viginti quin-
que jurent quod omnia antedicta fideliter observabunt, et pro
toto posse suo facient observari. Et nos nichil impetrabimus
ab aliquo, per nos nec per alium, per quod aliqua istarum
concessionum et libertatum revocetur vel minuatur; et, si
aliquid tale impetratum fuerit, irritum sit et inane et num-
quam eo utemur per nos nec per alium.

62. *Et omnes malas voluntates, indignaciones, et rancores,*
ortos inter nos et homines nostros, clericos et laicos, a tempore
discordie, plene omnibus remisimus et condonavimus. Pre-
terea omnes transgressiones factas occasione ejusdem discor-
die, a Pascha anno regni nostri sextodecimo usque ad pacem
reformatam, plene remisimus omnibus, clericis et laicis, et
quantum ad nos pertinet plene condonavimus. Et insuper

fecimus eis fieri litteras testimoniales patentes domini Stephani Cantuariensis archiepiscopi, domini Henrici Dublinensis archiepiscopi, et episcoporum predictorum et magistri Pandulfi, super securitate ista et concessionibus prefatis[1].

63. *Quare volumus et firmiter precipimus quod Anglicana ecclesia libera sit et quod homines in regno nostro habeant et teneant omnes prefatus libertates, jura, et concessiones, bene et in pace, libere et quiete, plene et integre, sibi et heredibus suis, de nobis et heredibus nostris, in omnibus rebus et locis, in perpetuum, sicut predictum est. Juratum est autem tam ex parte nostra quam ex parte baronum, quod hec omnia supradicta bona fide et sine malo ingenio observabuntur. Testibus supradictis et multis aliis. Data per manum nostram in prato quod vocatur Ronimed. inter Windlesoram et Stanes, quinto decimo die junii, anno regni nostri decimo septimo.*

---

1. Voici le texte de ces *Littere testimoniales :* Omnibus Christi fidelibus ad quos presens scriptum pervenerit, Stephanus Dei gracia Cantuariensis archiepiscopus, tocius Anglie primas et sancte romane ecclesie cardinalis, Henricus, eadem gracia Dublinensis archiepiscopus, Willelmus Londoniensis, Petrus Wintoniensis, Joscelinus Bathoniensis et Glastoniensis, Hugo Lincolniensis, Walterus Wigorniensis, Willelmus Coventriensis et Benedictus Roffensis, divina miseracione episcopi, et magister Pandulfus domini pape subdiaconus et familiaris, salutem in Domino. Sciatis nos inspexisse cartam quam dominus noster Johannes illustris rex Anglie fecit comitibus, baronibus et liberis hominibus suis Anglie de libertate sancte ecclesie et libertatibus et liberis consuetudinibus suis eisdem ab eo concessis sub hac forma : [Suit le texte de la Grande Charte de Jean.] Et ne huic forme predicte aliquid possit addi vel ab eadem aliquid possit subtrahi vel minui, huic scripto sigilla nostra appocuimus. Voy. *Statutes of the realm*, 1; *Charters of liberties* (à la Table), d'après « le Red book of the Exchequer » où les *Littere testimoniales* commencent au fol. 234.

NOTES BIOGRAPHIQUES.

Nous identifions comme suit les noms cités dans le préambule de la Grande Charte; l'excellente table qui termine l'édition des grandes chroniques de Wendover-Paris, par M. Luard, sera d'un grand secours pour compléter ces notes biographiques. On devra recourir également aux articles du *Dictionary of national biography*, qui est en cours de publication depuis 1885.

Étienne de Langton, archevêque de Cantorbéry (1207-1228); il avait été créé, en 1206, cardinal au titre de S. Chrysogonus. On a vu dans l'Introduction le grand rôle qu'il a joué.

Henri de Londres, archevêque de Dublin (1212-1228). Wendover le cite parmi les adhérents du roi en 1215.

Guillaume, de Sainte-Mère-l'Église, évêque de Londres en 1199, abdiqua en 1222 et mourut en 1224.

Pierre des Roches, évêque de Winchester (1205-1238); ardent partisan de Jean sans terre jusqu'à la fin, il fut un des tuteurs d'Henri III et devint une sorte de principal ministre après la disgrâce d'Hubert de Bourg qu'il provoqua.

Jocelin Troteman, évêque de Bath et Wells (1206-1242).

Hugues de Wells, élu évêque de Lincoln pendant l'Interdit (1209), obtint du roi Jean l'autorisation de passer en France pour se faire consacrer par l'archevêque de Rouen ; mais il s'empressa de se rendre auprès d'Étienne de Langton, qui le consacra. Le roi s'empara aussitôt de son temporel.

Gautier de Gray, évêque de Worcester (1214), puis archevêque d'York (nov. 1215); il mourut en 1255.

Guillaume de Cornhill fut consacré évêque de Lichfield-Coventry le 25 janvier 1215; il mourut en 1223.

Benoît de Sansetun, consacré évêque de Rochester le 22 février 1215, mort en 1226.

Pandolfo Masca de Pise, cardinal en 1183, nonce du pape en Angleterre. Il fut évêque de Norwich de 1222 à 1226.

Amaury de Saint-Maur, maître de l'Ordre du Temple en Angleterre.

Guillaume le Maréchal, troisième comte de Pembroke. On a vu dans l'Introduction le rôle qu'il joua pendant les premières années du règne de Henri III. Il mourut en 1219. Sa vie est l'objet principal du poème que M. Paul Meyer imprime pour la Société de l'histoire de France.

Guillaume Longuépée, comte de Salisbury. Il commandait les Anglais à Bouvines où il fut fait prisonnier. Il prit part au siège de Damiette pendant la cinquième croisade, et mourut en 1226.

Guillaume V de Varenne, fils d'un second mariage d'Isabelle, qui était fille de Guillaume III, un des témoins de la charte d'Étienne. Il régna de 1202 à 1240.

Guillaume III d'Aubigny, comte d'Arundel et de Sussex, fils ou petit-fils de Guillaume, un des témoins de la charte d'Étienne. Il mourut en Italie en 1221.

Alain de Galloway, connétable d'Écosse; il était mort en 1236.

Warin II Fils-Gerold, fils de Warin I, qui avait été chambellan et trésorier de Henri II; il accompagna Richard I en Palestine et Jean dans l'expédition de Poitou (1214). Il mourut peu après la promulgation de la Grande Charte. Son héritage passa en partie à son gendre Falcaise de Bréauté.

Pierre Fils-Herbert, fils cadet de Herbert, qui avait été chambellan du roi Étienne. Il compte parmi les « mauvais conseillers » du roi Jean dont il abandonna plus tard le parti. Il mourut en 1235.

Hubert de Bourg, sénéchal de Poitou, était gouverneur de Falaise quand Arthur de Bretagne y fut enfermé, et il refusa, dit-on, de le faire disparaître. Il fut une sorte de premier ministre de Henri III, puis, disgracié, céda la place à Pierre des Roches, évêque de Winchester; il mourut en 1243.

Hugues de Neville fut shériff de plusieurs comtés sous Richard I et sous Jean ; il combattit à Bouvines en 1214; après la Grande Charte, il passa au parti de Louis de France et mourut en 1222.

Mathieu était le frère puîné de Pierre Fils-Herbert, cité plus haut; il fut, comme celui-ci, fidèle à Jean et à Henri III; il se comporta vaillamment au combat de Saintes en 1242.

Thomas et Alain sont deux des fils de Thomas I Basset, seigneur de Hedendon au comté d'Oxford. Leur frère aîné, Gilbert II, étant mort en 1206, la seigneurie passa à ce Thomas II, qu'on trouve auprès du roi Jean dans la campagne de Poitou (1214). Il était un des chefs de l'armée royale à la bataille de Lincoln (1217), et mourut en 1220. Alain, chef de la branche des Basset de Wycombe (au comté de Buckingham), mourut en 1233.

Philippe d'Aubigny appartient à une branche collatérale de la grande famille des Aubigny, comtes d'Arundel et de Sussex. Il alla en Terre sainte et mourut en 1236.

Robert de Roppesley devint partisan dévoué du prince Louis et fut fait prisonnier à la bataille de Lincoln (1217).

Jean le Maréchal, premier baron de Hengham, resta fidèle à Jean et à son fils ; il vivait encore en 1226.

Sur Jean Fils-Hugues on manque de renseignements; Dugdale ne cite aucun Jean parmi les membres de la famille des Fils-Hugues dont il a dressé la généalogie pour le XIII° siècle.

VI. — BULLE DU PAPE INNOCENT III

ANNULANT LA GRANDE CHARTE

(24 août 1215.)

Cette bulle a été souvent publiée; on la trouve dans Rymer, dans Dumont, dans le *Bullarium romanum*. Elle est notée dans les *Regesta* de Potthast au n° 4990. Nous en reproduisons le texte d'après l'original scellé qui est dans la Bibliothèque cottonienne Cleopatra E. 1. (entre les fol. 151 et 153, qui sont en papier.)

———

Innocentius episcopus, servus servorum Dei. Universis Christi fidelibus hanc paginam inspecturis, salutem et apostolicam benedictionem. Etsi karissimus in Christo filius noster Johannes, rex Anglorum illustris, Deum et ecclesiam vehementer offenderit, unde nos eum excommunicationis vinculo innodavimus et regnum ejus ecclesiastico subjecimus interdicto, ipse tamen, illo misericorditer inspirante qui non vult mortem peccatoris, sed ut convertatur et vivat, tandem reversus ad cor, Deo et ecclesie humiliter satisfecit in tantum quod non solum recompensationem pro dampnis et restitutionem exhibuit de ablatis, verum etiam plenariam libertatem contulit ecclesie anglicane; quinimmo utraque sententia relaxata regnum suum tam Anglie quam Ybernie beato Petro et ecclesie romane concessit, recipiens illud a nobis in feudum sub annuo censu mille marcarum, fidelitatis nobis inde prestito juramento, sicut per privilegium ejus apparet aurea bulla munitam. Adhuc autem omnipotenti Deo amplius placere desiderans, signum vivifice crucis reverenter assumpsit, profecturus in subsidium terre sancte ad quod se magnifice preparabat. Sed humani generis inimicus qui semper consuevit bonis actibus invidere suis callidis artibus, adversus eum barones Anglie concitavit ita ut ordine perverso in illum insurgerent, postquam conversus ecclesie satisfecit, qui assistebant eidem quando ecclesiam offendebat. Orta siquidem inter eos dissensionis materia, cum plures dies statuti fuissent ad tractandum de pace utrinque, interim sollempnes nuntii ad nostram fuerunt presentiam destinati, cum quibus, habito diligenti tractatu, post plenam deliberationem scripsimus per eosdem archiepiscopo et episcopis anglicanis, precipiendo mandantes ut ad reformandum inter utrosque veram et plenam concordiam diligens impenderent studium et operam efficacem, omnes conjurationes et conspirationes, sique fuerant forte presumpte a tempore suborte discordie inter regnum et sacerdotium, apostolica denunciantes auctoritate cassatas et per excommunicationis sententiam inhibentes ne talia decetero presumerentur a quoquam, magnates et nobiles Anglie monendo prudenter et eis efficaciter injungendo ut per manifesta devotionis et humilitatis inditia ipsum regem sibi placare studerent, ac deinde, si quid ab eo ducerent postulandum, non insolenter sed humiliter implorarent, regalem ei conservantes honorem et exhibentes servitia consueta que ipsi et predecessores eorum sibi et suis predecessoribus impenderunt, cum ab eis ipse rex non deberet absque juditio spoliari, ut sic quod intenderent possent facilius obtinere. Nos enim eundem regem per litteras nostras rogavimus et monuimus, et per prelatos archiepiscopum et episcopos nichilominus rogari et moneri mandavimus, in remissionem sibi peccaminum injungentes quatinus predictos magnates et nobiles benigno tractaret et justas petitiones eorum clementer admitteret, ut et ipsi congaudendo cognoscerent eum in meliorem statum divina gratia esse mutatum, ac per hoc ipsi et heredes eorum sibi et heredibus suis deberent promptius et devotius famulari, plena eis in veniendo, morando et recedendo securitate concessa; ita quod, si forte nequiret inter eos concordia provenire, in curia sua per partes eorum secundum legem et consuetudines regni suborta dissensio sopiretur. Verum, ante-

quam nuntii cum hoc provido et justo mandato rediissent,
illi, juramento fidelitatis omnino contempto, cum, et si rex
eos injuste gravasset, ipsi tamen non debuissent sic agere
contra eum ut in causa sua iidem judices et exequutores
existerent, vassali contra dominum et milites contra Regem
publice conjurantes, non solum cum aliis sed cum ejus
manifestissimis inimicis, presumpserunt contra eum arma
movere, occupantes et devastantes terras ipsius ita quod
civitatem quoque Londoniensem, que sedes est regni, pro-
ditorie sibi traditam invaserunt. Interim autem, prefatis
nuntiis revertentibus, Rex obtulit eis secundum formam
mandati nostri justitie plenitudinem exhibere, quam ipsi
omnino spernentes ceperunt manus extendere ad pejora.
Unde Rex ipse ad audientiam nostram appellans obtulit eis
exhibere justitiam coram nobis, ad quos hujus cause juditium ratione dominii pertinebat, quod ipsi sunt penitus
aspernati. Deinde optulit illis ut tam ab ipso quam ab illis
eligerentur quatuor viri prudentes qui una nobiscum subor·
tam inter eos discordiam terminarent, promittens quod ante
omnia revocaret universos abusus quicumque fuissent in
Angliam suo tempore introducti; sed nec hoc illi dignati
sunt acceptare. Tandem Rex illis proposuit quod, cum regni
dominium ad romanam ecclesiam pertineret, ipse nec poterat
nec debebat absque nostro spetiali mandato quicquam de
illo in nostrum prejuditium immutare, unde rursus ad nostram audientiam appellavit, se ipsum ac Regnum cum omni
honore ac jure suo apostolice protectioni supponens ; sed,
cum nullo modo proficeret, postulavit ab archiepiscopo et
episcopis ut ipsi nostrum exequerentur mandatum, jus ecclesie romane defenderent, ac tuerentur eundem, secundum formam privilegii crucesignatis induti. Porro, cum ipsi nichil
horum facere voluissent, videns se omni pene consilio et
auxilio destitutum, quicquid illi ausi sunt petere non est
ausus ipse negare. Unde conpulsus est per vim et metum,
qui cadere poterat in virum etiam constantissimum, compositionem inhire cum ipsis non solum vilem et turpem, verum
etiam illicitam et iniquam, in nimiam diminutionem et dero-

gationem sui juis pariter et honoris. Quia vero nobis a
Domino dictum est in propheta[1] : constitui te super gentes
et regna ut evellas et destruas et hedifices et plantes ;
itemque per alium : dissolve colligationem impietatis, solve
fasciculos deprimentes, nos tante malignitatis audaciam dis-
simulare nolentes, in apostolice sedis contemptum, regalia
juris dispendium, anglicane gentis opprobrium et grave
periculum tocius negotii crucifixi quod utique immineret,
nisi per auctoritatem nostram revocarentur omnino que a
tanto principe crucesignato taliter sunt extorta, etiam ipso
volente illa servari, ex parte Dei omnipotentis patris et filii
et Spiritus sancti, auctoritate quoque beatorum Petri et
Pauli apostolorum ejus ac nostra, de communi fratrum nostrorum consilio, compositionem hujusmodi reprobamus
penitus et dampnamns, sub interminatione anathematis
prohibentes ne dictus Rex eam observare presumat, aut
barones cum complicibus suis ipsam exigant observari, tam
cartam quam obligationes seu cautiones quecumque pro ipsa
vel de ipsa sunt facte, irritantes penitus et cassantes ut
nullo unquam tempore aliquam habeant firmitatem. Nulli
ergo hominum liceat hanc paginam cassationis et prohibi-
tionis infringere, vel ei ausu temerario contraire. Si quis
autem hoc attemptare presumpserit, indignationem omnipotentis Dei et beatorum Petri et Pauli apostolorum ejus se
noverit incursurum. Datum Anagnie viiij kal. septembr.
pontificatus nostri anno octavodecimo.

---

1. Ce prophète est Jérémie, I, 0-10, dont le passage tout entier est ainsi
conçu : Et dixit Dominus ad me : « ecce dedi verba mea in ore tuo, ecce
constitui te super gentes et super regna ut evellas, ut destruas, et disperdas,
et dissipes, et edifices, et plantes. » — L'autre prophète est Isaïe, 58, 6 :
« Dissolve colligationes impietatis, solve fasciculos deprimentes, dimitte eos
qui confracti sunt liberos, et omne onus dirumpe. »

VII. — GRANDE CHARTE DE HENRI III

(11 février 1225)

La rédaction de 1225 contient le texte définitif de la Grande Charte, celui qui fut confirmé par Edouard I en 1297, et qui, depuis lors, a passé dans tous les recueils de Statuts du royaume. En outre elle diffère assez de celle de 1215 pour qu'il soit utile de la publier *in-extenso*.

D'autre part, elle n'est guère qu'une réédition des chartes promulguées au nom de Henri III dans la première et dans la seconde année de son règne (1216 et 1217), avec des variantes qu'il suffit de signaler en note, de manière à donner une sorte de texte synoptique de ces trois chartes, au lieu de les reproduire mot pour mot comme dans Blackstone et dans les *Statutes of the realm*.

Il existe un original de la Grande Charte de 1216, aux archives de la cathédrale de Durham; il était scellé des sceaux du comte de Pembroke et du légat Gualon, mais il ne reste plus que les queues de parchemin où ils étaient pendus. Il y a de même un exemplaire original scellé de la Grande Charte de 1217 à la bibliothèque Bodléienne, Oxford (mss. Furney, n° 5); il provient des archives de l'abbaye de Gloucester. De la Grande Charte de 1225 nous avons deux exemplaires originaux : l'un aux archives épiscopales de Durham, gâté malheureusement par des taches d'encre; l'autre a été communiqué à Blackstone par John Talbot, de Lacock[1], et provient du monastère de Lacock où il avait été déposé par les chevaliers du comté, comme l'indique une note écrite par une main contemporaine au dos de l'acte : « Ex deposito militum Wiltisir. » (Voyez Blackstone, p. XLVII.)

---

1. Lacock ou Laycock, paroisse du comté de Wilts, hundred de Chippenham. D'après Sharp (*A new Gazetteer, or topographical dictionary of the British islands*, 1852, verbo Laycock,) on conserve encore dans le Trésor de l'ancienne abbaye ce texte de la Grande Charte.

C'est d'après ces originaux que Blackstone et, après lui, les éditeurs des *Statutes*, ont reproduit le texte intégral des trois Chartes. L'édition des *Statutes* fournit aussi des variantes empruntées à des copies du temps, mais que nous avons cru pouvoir négliger, et contient un fac-similé gravé de la Charte de 1225 que nous avons eu constamment sous les yeux.

Comme dans le texte original de la charte de 1215, les articles, dans celle de 1225, ont été écrits d'une seule teneur, d'un bout à l'autre. Nous avons naturellement conservé la division en articles usitée dans les éditions modernes [1].

Henricus Dei gratia rex Anglie, dominus Hybernie, dux Normannie, Aquitanie et comes Andegavie, archiepiscopis, episcopis, abbatibus, prioribus, comitibus, baronibus, vicecomitibus, prepositis, ministris et omnibus ballivis et fidelibus suis presentem cartam inspecturis, salutem.

[2] Sciatis quod nos, intuitu Dei et pro salute anime nostre

---

1. Nous donnons en note les variantes fournies par la collation de la Grande Charte de 1225 (9ᵉ année de Henri III) avec les rédactions de 1216 (1ʳᵉ année) et de 1217 (2ᵉ année) et avec l'*Inspeximus* d'Édouard I (1297). Nous avons fait imprimer en *lettres italiques* les mots, phrases ou articles qui ne figurent pas dans la Grande Charte de 1215. Les numéros des articles placés entre parenthèses renvoient aux articles de la Grande Charte de 1215.

2. Ce paragraphe diffère dans les deux chartes de 1216 et 1217.

Charte de 1216 : Sciatis nos, intuitu Dei et pro salute anime nostre et omnium antecessorum et successorum nostrorum, ad honorem Dei et exaltationem sancte ecclesie et emendationem regni nostri, per consilium venerabilium patrum nostrorum domini Gualonis titulo sancti Martini presbiteri cardinalis, apostolice sedis legati, Petri Wintoniensis, Reineri de Sancto Asapho, Jocelini Batthoniensis et Glastoniensis, Simonis Exoniensis, Ricardi Cicestriensis, Willelmi Coventriensis, Benedicti Roffensis, Henrici Landavensis, Menevensis, Bangorensis et Sylvestri Wygorniensis episcoporum, et nobilium virorum Willelmi Mariscalli, comitis Penbrocie, Ranulfi comitis Cestrie, Willelmi de Ferrariis comitis Derebie, Willelmi comitis Albemarle, Huberti de Burgo justiciarii nostri, Savarici de Maloleone, Willelmi Brigwerre patris, Willelmi Brigwerre filii, Roberti de Cartenay, Falkesii de Breaute, Reginaldi de Vautort, Walteri de Lasey, Hugonis de Mortuomari, Johannis de Monemute, Walteri de Bellocampo, Walteri de Clifford, Roberti de Mortuomari, Willelmi de Cantilupo, Mathei filii Hereberti, Johannis Mariscalli, Alani Basset, Philippi de Albiniaco, Johannis Extranei et aliorum fidelium nostrorum, inprimis concessisse Deo et hac presenti carta confirmasse...

Charte de 1217 : Sciatis quod, intuitu Dei et pro salute anime nostre et animarum antecessorum et successorum nostrorum, ad exaltationem sancte ecclesie et emendationem regni nostri, concessimus et hac presenti carta confirmavimus pro nobis et heredibus nostris in perpetuum, de consilio

et *animarum* antecessorum et successorum nostrorum, ad
exaltationem sancte ecclesie et emendationem regni nostri,
*spontanea et bona voluntate nostra, dedimus et concessimus
archiepiscopis, episcopis, abbatibus, prioribus, comitibus,
baronibus et omnibus de regno nostro has libertates subscriptas tenendas in regno nostro Anglie in perpetuum.*

1 (1). In primis concessimus Deo et hac presenti carta
nostra confirmavimus pro nobis et heredibus nostris in perpetuum quod anglicana ecclesia libera sit, et habeat omnia [1]
jura sua integra et libertates suas illesas. Concessimus
etiam omnibus liberis hominibus regni nostri pro nobis et
heredibus nostris in perpetuum [2] omnes libertates subscriptas, habendas et tenendas eis et heredibus suis de nobis et
heredibus nostris *in perpetuum* [3].

2 (2). Si quis comitum vel baronum nostrorum sive aliorum tenencium de nobis in capite per servicium militare
mortuus fuerit, et, cum decesserit [4], heres ejus plene etatis
fuerit et relevium debeat, habeat hereditatem suam per antiquum relevium, scilicet heres vel heredes comitis de baronia comitis integra [5] per centum libras, heres vel heredes
baronis de baronia integra per centum libras [6], heres vel

---

venerabilis patris nostri domini Gualonis titulo Sancti Martini presbiteri cardinalis et apostolice sedis legati, domini Walteri Eboracensis archiepiscopi,
Willelmi Londoniensis episcopi et aliorum episcoporum Anglie, et Willelmi
Mariscalli comitis Pembrocie, rectoris nostri et regni nostri, et aliorum fidelium, comitum et baronum nostrorum Anglie, has libertates tenendas in
regno nostro Anglie in perpetuum.

1. 1216 et 1217 omettent : *omnia*.
2. 1297 ajoute *has* après *in perpetuum*.
3. 1216 et 1217 omettent les mots *in perpetuum*, qui se trouvent seulement
dans l'original de Lacock.
4. Après *decesserit*, 1297 ajoute : *et*.
5. Dans 1297 : heredes comitis de comitatu integro.
6. L'*Inspeximus* de 1297 met ici *marcas*, au lieu de *libras* que portent
toutes les rédactions authentiques qui sont antérieures. La leçon *marcas* se
rencontre déjà, cependant, dans des textes qui donnent à réfléchir. Je ne
m'arrêterai pas à la rédaction de la Grande Charte de Jean qu'on lit dans
Mathieu de Paris, parce que le rédacteur aurait fort bien pu écrire un mot
pour un autre; ce ne serait pas la seule infidélité faite au texte officiel. Je
n'insisterai pas non plus sur le fait que la confirmation de la Charte par
Henri III du 11 février de la 36ᵉ année donne également *marcas*, parce que
cette rédaction, nous l'avons montré dans l'introduction, est sans valeur.
Mais il est intéressant de constater le témoignage de Bracton, livre II, ch. 36,
§ 21 : « Quale sit rationabile relevium antiquum de feodo militari, distinguitur

heredes militis de feodo militis integro per centum solidos
ad plus; et qui minus debuerit minus det secundum antiquam consuetudinem feodorum.

3 (3). Si autem heres alicujus talium fuerit infra etatem,
dominus ejus non habeat custodiam ejus nec terre sue ante-
quam homagium ejus ceperit; et, postquam talis heres fue-
rit in custodia, cum ad etatem pervenerit, *scilicet viginti et*
unius anni, habeat hereditatem suam sine relevio et sine
fine, *ita tamen quod, si ipse, dum infra etatem fuerit, fiat*
miles, nichilominus terra remaneat in custodia dominorum
suorum usque ad terminum predictum.

---

in charta libertatum, cap. 2, scilicet de comitatu integro dande sunt centum
libre de herede comitis pro relevio, et de herede baronis, pro baronia integra,
centum marce... » (Ed. Twiss. I, 666.) De prime abord et malgré le peu de
confiance que mérite le texte édité par sir T. Twiss, cette leçon paraît la
seule raisonnable, car la loi anglaise distinguait trois reliefs différents (voy.
Leges Guillelmi Primi. I, 20); cette distinction est évidemment aussi dans
l'esprit même de notre Charte; elle était incontestable, on vient de le voir, aux
yeux de Bracton qui, sans doute, connaissait aussi bien le texte de la loi que
les usages; mais les juges durent être plus d'une fois incertains. Nous en avons
la preuve au moins pour le règne d'Édouard I. En la 28ᵉ année de ce prince,
c'est-à-dire trois ans après la promulgation de l'*Inspeximus*, l'Échiquier eut
à se prononcer sur les reliefs dus par Jean de Grey, fils de Robert, pour une
baronnie qu'il tenait au comté d'Oxford. Il demanda un délai parce que,
disait-il, il avait introduit une instance devant le Banc du roi contre le prieur
de Saint-Jean de Jérusalem en Angleterre, à qui il avait remis ses chartes en
dépôt et qui tardait à les lui rendre. Ce délai lui fut accordé; « et quia non
constat curie, si illi qui tenent baroniam debeant admitti ad finem faciendum
pro centum marcis pro baronia integra et pro quinquaginta marcis pro
medietate baronie, sicut Magna Carta de libertatibus testatur, vel per centum
libras aut quinquaginta libras, sicut onerari solebant ante confirmacionem
ejusdem carte, datus est dies dicto Johanni in eo statu quo, usque a die
Pasche in tres septimanas. Et interim loquendum est inde cum rege ut tunc
idem Johannes et alii qui per baroniam tenent et relevia debent, onerentur
secundum quod deberent. » (P. Record office. Q. R. Memoranda 27-28
Edw. I, membr. 34.) Quatre ans plus tard, on rencontre une mention ana-
logue au sujet de la succession de Philippe Marmion, dans l'héritage de qui
se trouvait le manoir de Scrivelby, tenu du roi « per baroniam integram »;
ce Marmion avait laissé quatre filles et c'est le mari d'une de celles-ci qui
plaide devant l'Échiquier au sujet du relief à payer au roi : « Dicit eciam
quod tunc temporis relevia baroniarum onerabantur hic (c'est-à-dire l'Échiquier) de centum libris; set dominus rex nuper Magnam Cartam de libertatibus Anglie, in qua continetur quod pro relevio integre baronie centum
marce tantum exigantur, confirmavit, et in omnibus suis punctis teneri pre-
cepit; et juxta hoc debetur..... » (Q. R. Memoranda. 32 Edw. I, nᵒ 28;
membr. 32.) Ces deux cas ont été cités par Oliver Saint-John, dans le fameux
procès intenté à Hampden devant l'Échiquier (1637-1638), à l'effet de prouver
que les juges n'avaient pas toujours observé rigoureusement la lettre même
de la loi (voyez Rushworth, *Historical collections,* 2ᵉ partie, p. 533). Nous avons
donné de ces deux actes les cotes sous lesquelles ils sont actuellement inven-
toriés au P. R. O.

4 (4). Custos terre hujusmodi heredis qui infra etatem
fuerit non capiat de terra heredis nisi rationabiles exitus et
rationabiles consuetudines et rationabilia servicia, et hoc
sine destructione et vasto hominum vel[1] rerum; et si nos
commiserimus custodiam alicujus talis terre vicecomiti vel
alicui alii qui de exitibus terre illius nobis debeat respondere, et ille destructionem de custodia fecerit vel vastum,
nos ab illo[2] capiemus emendam, et terra committetur[3] duobus legalibus et discretis hominibus de feodo illo qui de
exitibus[4] nobis respondeant vel ei cui eos[5] assignaverimus;
et si dederimus vel vendiderimus alicui custodiam alicujus
talis terre, et ille destructionem inde fecerit vel vastum,
amittat ipsam custodiam et tradatur duobus legalibus et
discretis hominibus de feodo illo qui similiter nobis respondeant, sicut predictum est.

5 (5). Custos autem, quamdiu custodiam terre[6] habuerit,
sustentet domos, parcos, vivaria[7], stagna, molendina et
cetera ad terram illam pertinencia de exitibus terre ejusdem, et reddat heredi, cum ad plenam etatem pervenerit,
terram suam totam instauratam de carucis et[8] *omnibus aliis*
rebus, ad minus secundum quod[9] *illam recepit. Hec omnia*
observentur de custodiis archiepiscopatuum, episcopatuum,
abbatiarum, prioratuum, ecclesiarum et dignitatum vacan-
cium que ad nos pertinent, excepto quod hujusmodi custo-
die vendi non debent.

6 (6). Heredes maritentur absque disparagatione.

7 (7). Vidua post mortem mariti sui statim et sine difficultate *aliqua* habeat maritagium suum et hereditatem
suam, nec aliquid det pro dote sua vel pro maritagio suo

---

1. Dans 1297 : *et.*
2. Dans 1297 : *eo.*
3. Dans 1216 et 1217 : *committatur.*
4. 1297 ajoute : *terre illius.*
5. Dans 1297 : *illi cui illos.*
6. 1297 ajoute : *hujusmodi.*
7. Le mot *vivaria* ne se trouve pas dans l'origine de Durham.
8. 1297 ajoute : *de.*
9. Dans 1297 : *ad minus sicut illam.*

vel pro hereditate sua, quam hereditatem maritus suus et
ipsa tenuerunt [1] die obitus ipsius mariti, et maneat in capitali mesagio ipsius mariti sui [2] per quadraginta dies post
obitum ipsius mariti sui, infra quos [3] assignetur ei dos sua,
*nisi prius ei fuerit assignata, vel nisi domus illa sit castrum;
et si de castro recesserit, statim provideatur ei domus com-
petens in qua possit honeste morari, quousque dos sua ei
assignetur secundum quod predictum est* [4]; *et habeat rationabile estoverium suum interim de communi. Assignetur
autem ei pro dote sua tercia pars tocius terre mariti sui
que sua fuit in vita sua, nisi de minori dotata fuerit ad hos-
tium ecclesie.*

(8). Nulla vidua distringatur ad se maritandam [5], dum
vivere voluerit sine marito, ita tamen quod securitatem
faciet quod se non maritabit sine assensu nostro, si de nobis
tenuerit, vel sine assensu domini sui, si de alio tenuerit.

8 (9). Nos vero vel ballivi nostri non seisiemus terram aliquam nec [6] redditum pro debito aliquo quamdiu catalla
debitoris *presencia* sufficiant [7] ad debitum reddendum *et
ipse debitor paratus sit inde satisfacere;* nec plegii ipsius
debitoris distringantur quamdiu ipse capitalis debitor suffi-
ciat ad solucionem [8] debiti; et, si capitalis debitor defecerit in solutione debiti, non habens unde reddat *aut
reddere nolit cum possit,* plegii respondeant pro debito; et,
si voluerint, habeant terras et redditus debitoris quousque
sit eis satisfactum de debito quod ante pro eo solverunt [9],
nisi capitalis debitor monstraverit se inde esse quietum
versus eosdem plegios.

---

1. Dans 1216 et 1217 : *tenuerint.*
2. Dans 1216 : *in domo mariti sui*, et dans 1217 : *in capitali mesuagio mariti
sui.*
3. 1297 ajoute : *dies.*
4. L'original de Durham porte : *sicut predictum est*, au lieu de *secundum
quod.* La fin du paragraphe, depuis *et habeat*, manque dans 1216.
5. 1216 porte *maritandum;* 1217 remplace la syllabe finale par une abré-
viation.
6. 1297 a *vel.*
7. 1216 et 1217 : *sufficiunt.*
8. 1297 ajoute : *ipsius.*
9. *Solverint*, dans 1216 et 1217.

9 (13). Civitas London. habeat omnes antiquas liberta tes et liberas consuetudines suas[1]. Preterea volumus et con cedimus quod omnes alie civitates, et burgi, et ville, *et barones de quinque portubus*, et omnes portus, habeant omnes libertates et liberas consuetudines suas.

10 (16). Nullus distringatur ad faciendum majus servicium de feodo militis nec de alio libero tenemento quam inde debetur.

11 (17). Communia placita non sequantur curiam nostram, set teneantur in aliquo loco certo.

12[2] (18). Recognitiones de nova disseisina et de morte antecessoris non capiantur nisi in suis comitatibus, et hoc modo : nos, vel si extra regnum fuerimus, capitalis justiciarius noster, mittemus justiciarios per unumquemque comitatum semel in anno, qui cum militibus comitatuum capiant in c tatibus assisas predictas. *Et ea[3] que in illo adventu suo in comitatu per justiciarios[4] predictos ad dictas assisas capiendas missos terminari non possunt, per eosdem terminentur alibi in itinere suo; et ea que per eosdem propter difficultatem aliquorum articulorum terminari non possunt, referantur ad justiciarios nostros de banco, et ibi terminentur.*

13. *Assise de ultima presentatione semper capiantur coram justiciariis nostris[5] de banco et ibi terminentur.*

14 (20). Liber homo non amercietur pro parvo delicto nisi[6] secundum modum *ipsius* delicti, et pro magno delicto,

---

1. Dans 1297 : *omnes libertates suas et antiquas consuetudines suas.*
2. La charte de 1216 insère ici un autre article (n° 13) : Recognitiones de nova disseisina, de morte antecessoris, de ultima presentacione, non capiantur nisi in suis comitatibus et hoc modo : nos, vel si extra regnum fuerimus, capitalis justiciarius noster, mittemus duos justiciarios per unumquemque comitatum per quatuor vices in anno, qui cum quatuor militibus cujuslibet comitatus electis per comitatum capiant in comitatu in die et loco comitatus assisas predictas. C'est, on le voit, la même rédaction que dans la Charte de 1215 (art. 18); la rédaction de la charte de 1217, au contraire (art. 13), est identique à celle de 1225.
3. Dans 1297 : *illa.*
4. 1297 ajoute : *nostros.*
5. 1297 omet : *nostris.*
6. L'original de Durham a : *sed* au lieu de : *nisi.*

secundum magnitudinem delicti, salvo contenemento suo;
et mercator eodem modo salva mercandisa sua; et villanus[1]
alterius quam noster eodem modo amercietur salvo wainagio
suo, si inciderit in misericordiam nostram; et nulla predictarum misericordiarum ponatur nisi per sacramentum[2] proborum et legalium hominum de visneto.

(21). Comites et barones non amercientur nisi per pares
suos, et non nisi secundum modum delicti.

(22). Nulla ecclesiastica persona amercietur secundum
quantitatem beneficii sui ecclesiastici, set[3] secundum laicum tenementum suum, et secundum quantitatem delicti[4].

15 (23). Nec villa, nec homo, distringatur facere pontes
ad riparias nisi qui ex[5] antiquo et de jure facere debet.

16. *Nulla riparia decetero defendatur, nisi ille que fuerunt in defenso tempore regis Henrici avi nostri, per eadem
loca et eosdem terminos sicut esse consueverunt tempore
suo*[6].

17 (24). Nullus vicecomes, constabularius, coronatores[7]
vel alii ballivi nostri teneant placita corone nostre.

18 (26). Si aliquis tenens de nobis laicum feodum moriatur, et vicecomes vel ballivus noster ostendat litteras nostras patentes de summonitione nostra de debito quod
defunctus nobis debuit, liceat vicecomiti vel ballivo nostro
attachiare et inbreviare[8] catalla defuncti inventa in laico
feodo ad valenciam illius debiti per visum legalium homi-

---

1. Dans 1216, au lieu de cette phrase, on lit : *et villanus eodem modo amercietur, salvo wainagio suo, si inciderit in misericordiam nostram* (cf. la
charte de 1215, art. 20). La rédaction de la charte de 1216 est identique à celle
de 1225.
2. Dans 1217 (art. 16) : *sacramenta.*
3. Dans 1217 (art. 18) : *sed.*
4. 1216 (art. 17) ajoute : *Nullus clericus amercietur, nisi secundum formam
predictorum, et non secundum quantitatem beneficii sui ecclesiastici* (cf. la
charte de 1215, n° 22).
5. Dans 1216 : *et.*
6. L'art. 16 est omis dans 1216; il se trouve dans 1217 (art. 20). Cf. l'art. 47
de la charte de 1215.
7. Dans 1297 : *coronator.*
8. 1297 ajoute : *omnia bona et.*

num, ita tamen quod nichil inde[1] amoveatur donec persolvatur nobis debitum quod clarum fuerit, et residuum relinquatur executoribus ad faciendum testamentum defuncti; et
si nichil nobis debeatur ab ipso, omnia catalla cedant
defuncto, salvis uxori ipsius et pueris suis[2] rationabilibus
partibus suis.

19 (28). Nullus constabularius vel ejus ballivus capiat
blada vel alia catalla alicujus *qui non sit de villa ubi castrum situm*[3] *est*, nisi statim inde[4] reddat denarios aut respectum inde habere possit de voluntate venditoris; *si
autem de villa ipsa fuerit, infra quadraginta dies precium
reddat*[5].

20 (29). Nullus constabularius distringat aliquem militem ad dandum denarios pro custodia castri, si ipse[6] eam
facere voluerit in propria persona sua, vel per alium probum
hominem[7], si ipse eam facere non possit propter rationabilem causam et, si nos duxerimus[8] eum vel miserimus in
exercitum, erit[9] quietus de custodia secundum quantitatem
temporis quo per nos fuerit in exercitu *de feodo pro quo fecit
servicium in exercitu*[10].

21 (30). Nullus vicecomes, vel ballivus noster, vel alius
capiat equos vel carettas alicujus pro cariagio faciendo, nisi
reddat liberationem antiquitus statutam, scilicet pro[11] *caretta
ad duos equos decem denarios per diem, et pro caretta ad
tres equos quatuordecim denarios per diem. Nulla caretta
dominica alicujus ecclesiastice persone vel militis vel alicujus domine capiatur per ballivos predictos*[12].

---

1. *Inde* ne se trouve pas sur l'original de Durham.
2. Dans 1297 : *ipsius.*
3. Dans 1216 (art. 21) : *suum.*
4. *Inde* ne se trouve pas sur l'original de Durham.
5. Dans 1216 (art. 21), cette dernière phrase est écrite : *si autem de villa
fuerit, teneatur infra tres septimanas precium reddere.*
6. 1297 omet *ipse.*
7. 1297 ajoute : *faciat.*
8. Dans 1297 : *adduxerimus.*
9. Dans 1297 : *sit.*
10. Les mots en *italiques* sont omis dans 1216 (art. 22).
11. 1297 ajoute : *una.*
12. Cette dernière phrase manque dans 1216. Dans 1297, les derniers mots
se lisent : *per ballivos nostros capiatur.*

(31). Nec nos nec ballivi nostri *nec alii*[1] capiemus alienum boscum ad castra vel[2] alia agenda nostra, nisi per voluntatem illius cujus boscus ille fuerit.

22 (32). Nos non tenebimus terras eorum[3] qui convicti fuerint de felonia, nisi per unum annum et unum diem; et tunc reddantur terre[4] dominis feodorum.

23 (33). Omnes kidelli decetero deponantur penitus per Tamisiam et Medeweiam et per totam Angliam, nisi per eos teram maris.

24 (34). Breve quod vocatur « Precipe » decetero non fiat alicui de aliquo[5] tenemento, unde liber homo perdat[6] curiam suam.

25 (35). Una mensura vini sit per totum regnum nostrum, et una mensura cervisie, et una mensura bladi, scilicet quarterium London., et una latitudo pannorum tinctorum et[7] russettorum et haubergettorum, scilicet due ulne infra listas ; de ponderibus vero sit ut[8] de mensuris.

26 (36). Nichil detur de cetero pro brevi inquisitionis ab eo qui inquisitionem petit de vita vel[9] membris, set gratis concedatur et non negetur[10].

27 (37). Si aliquis[11] teneat de nobis per feodifirmam vel [per] soccagium, vel per burgagium, et de alio terram teneat[12] per servicium militare, nos non habebimus custodiam heredis nec terre sue que est de feodo alterius, occasione illius feodifirme, vel soccagii, vel burgagii, nec habebimus custo-

---

1. Ces deux mots sont omis dans 1216 (art. 24).
2. 1297 ajoute : *ad*.
3. Dans 1297 : *illorum*.
4. 1297 ajoute : *ille*.
5. 1297 ajoute : *libero*.
6. Dans 1216 : *omittere possit* (cf. la charte de 1215, art. 34).
7. *Et* est omis dans 1297.
8. Dans 1297 : *sicut*.
9. 1297 ajoute : *de*.
10. Dans 1216 (art. 29) cet article est ainsi conçu : *Nichil detur decetere pro brevi inquisitionis de vita vel membris, sed gratis concedatur et non negetur* (cf. la charte de 1215, art. 36).
11. Dans 1297 : *si aliqui teneant*.
12. Dans 1297 : *teneant terram*.

diam illius feodifirme vel soccagii vel burgagii, nisi ipsa feodifirma debeat servicium militare. Nos non habebimus custodiam heredis nec[1] terre alicujus[2] quam tenet de alio[3] per
servicium militare, occasione alicujus parve serjanterie quam
tenet de nobis per servicium reddendi nobis cultellos, vel
sagittas, vel hujusmodi.

28 (38). Nullus ballivus ponat decetero aliquem ad legem
manifestam vel[4] *ad juramentum*[5] simplici loquela sua, sine
testibus fidelibus ad hoc inductis.

29 (39). Nullus liber homo decetero capiatur vel inpri-
sonetur aut disseisiatur *de aliquo libero tenemento suo vel
libertatibus vel liberis consuetudinibus suis*[6], aut utlagetur,
aut exulet, aut aliquo alio[7] modo destruatur, nec super eum
ibimus, nec super eum mittemus, nisi per legale judicium
parium suorum, vel per legem terre.

(40). Nulli vendemus, nulli negabimus aut differemus
rectum vel justiciam.

30 (41). Omnes mercatores, *nisi publice antea prohibiti
fuerint*, habeant salvum et securum[8] exire de Anglia, et
venire in Angliam, et morari, et ire per Angliam tam per
terram quam per aquam[9] ad emendum vel[10] vendendum sine
omnibus toltis malis per antiquas et rectas consuetudines,
preterquam in tempore gwerre, et si sint de terra contra
nos gwerrina; et si[11] tales inveniantur in terra nostra in
principio gwerre, attachientur sine dampno corporum vel
rerum, donec sciatur a nobis vel a capitali justiciario nostro
quomodo mercatores terre nostre tractentur, qui tunc inve-

---

1. Il y a *et* dans 1216 (art. 30) et *vel* dans 1217 (art. 33).
2. Dans 1297 : *alicujus terre.*
3. Dans 1297 : *aliquo.*
4. Dans 1297 : *et.*
5. Les mots en *italiques* manquent dans 1216 (art. 31).
6. Les mots en *italiques* manquent dans 1216 (art. 32).
7. Dans 1297 : *alio aliquo modo.*
8. 1297 ajoute : *conductum.*
9. Dans 1216 (art. 34) : *aquas.*
10. Dans 1216 et 1297 : *et.*
11. *Si* omis dans 1207.

nientur in terra[1] contra nos gwerrina; et, si nostri salvi
sint ibi, alii salvi sint in terra nostra.

31 (43). Si quis tenuerit de aliqua escaeta, sicut de honore
Wallingefordie, Bolonie, Notingeham., Lancastrie, vel de[2]
aliis que sunt in manu nostra, et sint baronie, et obierit,
heres ejus non det aliud relevium nec faciat nobis aliud
servicium quam faceret baroni, si ipsa esset[3] in manu
baronis; et nos eodem modo eam tenebimus quo baro eam
tenuit[4]; *nec nos, occasione talis baronie vel escaete, habebimus aliquam escaetam vel custodiam aliquorum hominum
nostrorum, nisi alibi tenuerit de nobis in capite ille qui
tenuit baroniam vel escaetam.*

32. *Nullus liber homo decetero det amplius alicui vel
vendat[5] de terra sua quam ut de residuo terre sue possit
sufficienter fieri domino feodi servicium ei debitum quod pertinet ad feodum illud.*

33 (46). Omnes patroni abbatiarum qui habent cartas
regum Anglie *de advocatione*, vel antiquam tenuram *vel
possessionem*, habeant earum custodiam cum vacaverint,
sicut habere debent, *et sicut supra*[6] *declaratum est.*

34 (54). Nullus capiatur vel imprisonetur propter appellum femine de morte alterius quam viri sui[7].

---

1. 1297 ajoute : *illa.*
2. *De* est omis dans 1297. L'original de Lacock ajoute *escaetis* après *de
aliis*, suivi en cela par l'*Inspeximus* de 1297.
3. Dans 1216 (art. 35) : *si terra illa esset,* et dans 1217 (art. 38) : *si illa esset.*
4. La charte de 1216 (art. 36) ne donne pas la fin de ce paragraphe.
Elle ne contient pas non plus les articles 32 et 33. A la place, on y trouve les
suivants :
36. Homines qui manent extra forestam non veniant decetero coram justiciariis nostris de foresta per communes summonitiones, nisi sint in placito
vel plegii alicujus vel aliquorum qui attachiati sunt pro foresta (comp. la
charte de 1215, n° 44).
37. Omnes barones qui fundaverint abbatias unde habent cartas regum
Anglie vel antiquam tenuram, habeant earum custodiam cum vacaverint
sicut habere debent, et sicut supra declaratum est (comp. la charte de 1215,
n° 45. Les cinq derniers mots de la charte de 1216 sont ajoutés).
38. Omnes foreste que afforestate sunt tempore regis Johannis patris
nostri statim deafforestentur, et ita fiat de ripariis que per eundem Johannem tempore suo posite sunt in defenso (comp. la charte de 1215, n° 47).
5. On lit dans l'original de Lacock : *det amplius vel vendat alicui.*
6. Dans 1297 : *superius.*
7. Les articles 35, 36 et 37 manquent dans la charte de 1216. A la place,

35. *Nullus comitatus decetero teneatur, nisi de mense in mensem; et, ubi major terminus esse solebat, major sit. Nec aliquis comes vel ballivus[1] faciat turnum suum per hundredum nisi bis in anno et non nisi in loco debito et consueto, videlicet semel post Pascha et iterum post festum sancti Michaelis. Et visus de franco plegio tunc fiat ad illum terminum sancti Michaelis sine occasione, ita scilicet quod quilibet habeat libertates suas quas habuit et[2] habere consuevit tempore regis Henrici avi nostri, vel quas postea perquisivit. Fiat autem visus de franco plegio sic, videlicet quod pax nostra teneatur, et quod tethinga integra sit[3] sicut esse consuevit, et quod vicecomes non querat occasiones, et quod contentus sit eo quod vicecomes habere consuevit de visu suo faciendo tempore regis Henrici avi nostri.*

36. *Non[4] liceat alicui decetero dare terram suam alicui[5] domui religiose, ita quod eam[6] resumat tenendam de eadem domo, nec liceat alicui domui religiose terram alicujus sic accipere quod tradat illam ei[7] a quo ipsam recepit[8] tenendam. Si quis autem de cetero terram suam alicui domui religiose sic dederit, et super hoc convincatur, donum suum penitus cassetur, et terra illa domino suo[9] illius feodi incurratur.*

37. *Scutagium decetero capiatur sicut capi solebat[10] tempore regis Henrici avi nostri[11]. Et salve sint archiepiscopis,*

---

on lit l'article suivant (n° 40) : « Et si rex Johannes pater noster dissaisierit vel elongaverit Wallenses de terria vel libertatibus vel aliis rebus sine legali judicio parium suorum in Anglia vel in Wallia, eis statim reddantur; et si contentio super hoc orta fuerit, tunc inde fiat in Marchia per judicium parium suorum de tenementia Anglie secundum legem Anglie, de tenementis Wallie secundum legem Wallie, de tenementis Marchie secundum legem Marchie; idem facient Wallenses nobis et nostris. » (Comp. la charte de 1215, art. 56.)

1. 1207 ajoute : *suas.*
2. Dans 1207 : *vel.*
3. Dans 1207 : *theotinga teneatur integra.*
4. Dans 1207 : *Nec.*
5. 1207 omet : *alicui.*
6. *Illam* dans l'original de Lacock.
7. Dans 1217 : (art. 43) : *eam illi.*
8. Dans 1217 : *receperit.*
9. *Suo* omis dans 1207.
10. Dans 1217 (art. 44) : *consuevit.*
11. La fin de l'article manque dans 1217

episcopis, abbatibus, prioribus, templariis, hospitalariis, comitibus, baronibus et omnibus aliis tam ecclesiasticis quam secularibus personis libertates et libere consuetudines quas prius habuerunt [1].

(60). Omnes autem istas consuetudines predictas et libertates [2] quas concessimus in regno nostro tenendas quantum ad nos pertinet erga nostros [3], omnes de regno nostro tam clerici quam laici observent quantum ad se pertinet erga suos [4]. *Pro hac autem concessione et donatione libertatum istarum et aliarum libertatum contentarum in carta nostra de libertatibus foreste, archiepiscopi, episcopi, abbates, priores, comites, barones, milites, libere tenentes, et omnes de regno nostro dederunt nobis quintam decimam partem omnium mobilium suorum. Concessimus etiam eisdem pro nobis et heredibus nostris quod nec nos nec heredes nostri aliquid perquiremus per quod libertates in hac carta con-*

---

1. Dans 1297, la fin de l'article est ainsi conçue : *tam ecclesiasticis personis quam secularibus, omnes libertates et libere consuetudines quas prius habuerunt.*

2. Dans 1297 : *Omnes autem consuetudines et libertates predictas.*

3. La confirmation de la 36e année de Henri III ajoute : *homines*, qui est une bonne leçon.

4. Après les mots : *erga suos*, la charte de 1216 et celle de 1217 se terminent différemment :

1216, art. 42 : Quia vero quedam capitula in priori (*sic*) carta continebantur que gravia et dubitabilia videbantur, scilicet de scutagiis et auxiliis assidendis, de debitis Judeorum et aliorum, et de libertate exeundi de regno, vel redeundi in regnum, et de forestis et forestariis, warennis et warennariis, et de consuetudinibus comitatuum, et de ripariis et earum custodibus, placuit supradictis prelatis et magnatibus ea esse in respectu quousque plenius consilium habuerimus; et tunc faciemus plenissime tam de hiis quam de aliis que occurrerint emendanda, que ad communem omnium utilitatem pertinuerint et pacem et statum nostrum et regni nostri. Quia vero sigillum nondum habuimus, presentem cartam sigillis venerabilis patris nostri domini Gualonis tituli sancti Martini presbiteri cardinalis, apostolice sedis legati, et Willelmi Mariscalli comitis Penbroclie rectoris nostri et regni nostri, fecimus sigillari. Testibus omnibus prenominatis et aliis multis. Datum per manus predictorum domini legati et Willelmi Mariscalli comitis Penbroclie apud Bristollum duodecimo die novembris anno regni nostri primo.

1217, art. 46 : Salvis archiepiscopis, episcopis, abbatibus, prioribus, templariis, hospitalariis, comitibus, baronibus, et omnibus aliis tam ecclesiasticis personis quam secularibus, libertatibus et liberis consuetudinibus quas prius habuerunt.

47. Statuimus etiam, de communi consilio totius regni nostri, quod omnia castra adulterina, videlicet ea que a principio guerre mote inter dominum Johannem patrem nostrum et barones suos Anglie constructa fuerint vel reedificata, statim diruantur. Quia vero nondum habuimus sigillum, hanc [cartam] sigillis domini legati predicti et comitis Willelmi Mariscalli rectoris [nostri] et regni nostri fecimus sigillari.

tente infringantur vel infirmentur; et, si de aliquo aliquid con-
tra hoc perquisitum fuerit, nichil valeat et pro nullo habeatur.

Hiis testibus domino Stephano Cantuariensi archiepiscopo,
Eustachio Londoniensi, Jocelino Bathoniensi, Petro Winto-
niensi, Hugoni Lincolniensi, Ricardo Sarrisberiensi[1], Bene-
dicto[2] Roffensi, Willelmo Wigorniensi, Johanne Eliensi,
Hugone Herefordiensi, Radulpho Cicestriensi[3], Willelmo
Exoniensi episcopis, abbate sancti Albani, abbate sancti
Edmundi, abbate de Bello, abbate sancti Augustini Cantua-
riensis, abbate de Eveshamia, abbate de Westmonasterio,
abbate de Burgo sancti Petri, abbate Redingensi, abbate
Abbendoniensi, abbate de Maumeburia, abbate de Winche-
comba, abbate de Hida, abbate de Certeseia, abbate de
Sireburnia, abbate de Cerne, abbate de Abbotebiria, abbate
de Middletonia, abbate de Seleby, abbate de Wyteby[4],
abbate de Cirencestria, Huberto de Burgo justiciario[5],
Ranulfo[6] comite Cestrie et Lincolnie, Willelmo comite Sar-
risberie, Willelmo comite Warennie, Gilberto de Clara
comite Gloucestrie et Hertfordie, Willelmo de Ferrariis
comite Derbeie, Willelmo de Mandevilla comite Essexie,
Hugone Le Bigod comite Norfolcie, Willelmo comite Aube-
marle, Hunfrido comite Herefordie, Johanne constabulario
Cestrie, Roberto de Ros, Roberto filio Walteri, Roberto de
Veteri ponte, Willielmo Brigwerre, Ricardo de Munfichet,
Petro filio Herberti, Matheo filio Herberti[7], Willielmo de
Albiniaco[8], Roberto Gresley, Reginaldo de Brahus., Johanne
de Munemutha, Johanne filio Alani, Hugone de Mortuo-
mari, Waltero de Bellocampo, Willielmo de sancto Johanne,
Petro de Malalacu (sic), Briano de Insula, Thoma de Mule-
tonia, Ricardo de Argentein., Gaufrido de Nevilla, Willielmo
Mauduit, Johanne de Baalun[9].

---

1. L'original de Lacock omet l'évêque de Salisbury.
2. 1297 met : *W. Roff* au lieu de B. Roff.
3. 1297 ajoute *et* avant W. Exoniensi.
4. 1297 omet : *abbate de Wyteby.*
5. 1297 ajoute : *nostro.*
6. Dans 1297 : *H* au lieu de R.
7. 1297 omet ces trois mots.
8. Dans 1297 : *Aubeny*; et, à la suite : *F. Gresly, F. de Breus.*
9. 1297 ajoute : *et aliis.*

*Datum apud Westmonasterium undecimo die februarii
anno regni nostro nono.*

NOTES BIOGRAPHIQUES.

Nous donnerons successivement les noms cités dans chacune des chartes de
1216 et de 1225, en omettant ceux qui se trouvaient déjà parmi les témoins de
la Grande Charte de 1215. Les noms des abbés sont fournis par le *Monasticon
anglicanum* de W. Dugdale.

Charte de 1216 : Galon, Gualon ou Guala Bicchieri, évêque de Verceil, car-
dinal-diacre au titre de Saint-Marie *in Porticu*, puis (1211) prêtre au titre de
Saint-Martin d'*Equitius*. On a vu, dans l'introduction, son rôle politique pendant les années 1213-1217. Il mourut en 1227.

Reinier, évêque de Saint-Asaph (1186-1224).

Simon de Pouille, doyen d'York, puis évêque d'Exeter (1214-1224).

Richard le Pauvre, consacré évêque de Chichester le 25 janvier 1215, fut
ensuite promu au siège de Salisbury (1217), puis à celui de Durham (1229); il
mourut en 1237. Il engagea les revenus de son évêché pour 600 marcs afin
de lever des mercenaires pour l'expédition navale qui se termina par la
défaite et la mort d'Eustache le Moine.

Henri d'Abergavenny, évêque de Llandaff (1193-1218).

Furent consacrés le même jour, 21 juin 1215 : Gervais, évêque de Saint-
David (Menevensis ep.), qui mourut en 1229 et Martin ou Cadogan, évêque
de Bangor, qui mourut en 1241.

Sylvestre d'Evesham, évêque de Worcester à la place de Gautier de Gray élu
à York (1216-1218).

Renouf III, comte de Chester, petit-fils de Renouf II par son père Hugues,
mort en 1181, et sa mère Bertrade de Montfort. Il épousa en premières noces
Constance, veuve de Geofroi Plantagenet et mère d'Arthur, comte de Bretagne, puis une fille de Raoul de Fougères. Il prit une part active aux guerres
de Bretagne depuis la mort de Geofroi Plantagenet (1186) jusqu'à la sienne
propre (1232).

Guillaume III de Ferrières, comte de Derby, fils de Guillaume II qui mourut à la troisième croisade. Il épousa une des sœurs de Renouf de Chester et
prit, avec lui, part à la cinquième croisade. Il mourut en 1247.

Guillaume, sixième comte d'Aumale après son beau-père Baudouin mort
en 1212. Il fut fidèle jusqu'au bout au roi Jean et combattit Louis de France.
Il mourut en Terre Sainte en 1241.

Savari de Mauléon, seigneur poitevin et troubadour; il fut un partisan
dévoué du roi Jean et joua un rôle considérable dans les troubles d'Aquitaine
dont il fut pour un temps le sénéchal. Il mourut en 1230.

Guillaume Brewer, fils de Henri, fut, sous Henri II, shériff du comté de
Devon et juge itinérant (1187); il fut un des quatre juges auquel Richard I
confia l'administration intérieure quand il quitta son royaume (déc. 1189). Il
fut ensuite shériff de plusieurs comtés. Sous le règne de Jean, il fut souvent
employé dans les négociations et compta pendant l'Interdit parmi les « mauvais conseillers » du roi. C'est lui qui, en 1223, dans une discussion au sujet
de la Grande Charte, s'écria que le roi n'était pas tenu de l'observer, puisqu'elle avait été arrachée par la violence. Il mourut en 1226.

Robert I de Courtenay (de la branche établie en Angleterre), fils de Renaud
mort en 1209; il mourut lui-même en 1247.

Falaise ou Fawkes de Bréauté était un Normand de naissance obscure et
illégitime. Il était shériff du comté de Glamorgan en 1211. *Le roi Jean fut si
content de ses services pendant la guerre civile, qu'il lui donna en mariage
une riche héritière, la veuve de Baudoin, comte d'Aumale. En 1216 il envahit
et ravagea l'île d'Ely avec les comtes de Salisbury et de Chester; l'année suivante il prépara le gain de la bataille de Lincoln en se jetant audacieusement

avec des troupes dans cette place investie. La paix ne convenait pas à cet homme de main; il refusa d'obéir au ministre de Henri III, Hubert de Bourg, et prétendit résister dans le château de Bedford; mais la place fut prise, et Fawkes alla mourir en exil (1226).

Renaud de Vautort, gouverneur de Totnes en 1216, puis shériff de Cornouailles; il mourut en 1246.

Gauthier II, de la famille des Lacy établie dans la Marche galloise et en Irlande, était fils de Hugues qui avait été assassiné, en 1185, par des ouvriers employés à la construction d'un château-fort et maltraités par lui. Il mourut en 1211 sans postérité mâle.

Hugues II de Mortimer, fils aîné de Roger II qui était mort avant le mois d'août 1214. Il mourut lui-même sans enfants en 1227. Son frère Raoul lui succéda dans sa seigneurie de Wigmore.

Jean de Monmouth est mentionné par Dugdale, pour la première fois en 1202 et pour la dernière en 1229. Son fils Jean lui avait déjà succédé en 1231.

Gautier de Beauchamp (d'Elmley), fils de Guillaume mort en 1212. Il était, en 1216, gouverneur pour le roi du château de Hanley, au comté de Worcester et de plus il avait, à titre héréditaire, la châtellenie de Worcester. Il mourut en 1236.

Gautier III de Clifford, fils de Gautier II; il fut plusieurs fois shériff du comté de Hereford. Il mourut en 1225. Il était, sans doute, frère de la célèbre Rosemonde, maîtresse de Henri II, laquelle fut, a-t-on dit sans raison sérieuse, mère de Guillaume Longuépée.

Robert de Mortimer était le quatrième fils de Roger II, le frère d'Hugues II et de Raoul. Sa femme était déjà veuve en 1219.

Guillaume I de Canteloup ou Chanteloup était sénéchal de la maison du roi sous Jean; il figure parmi ses « mauvais conseillers ». Il combattit à Lincoln pour Henri III, qui lui donna la garde du château de Kenilworth. Il mourut le 7 avril 1239. Trois de ses fils ont joué un grand rôle après lui : Guillaume II mort en 1254; Gautier, évêque de Worcester (1237-1266), et Thomas, évêque de Hereford (1275-1282). Tous trois ont été les amis et les partisans du comte de Leicester. Le dernier fut canonisé en 1320.

Jean Lestrange (Extraneus, Strange), dernier fils de Guy, lequel était, dit-on, fils d'un duc de Bretagne. En 1216 il était shériff des comtés de Shrewsbury et de Stafford, où se trouvaient d'ailleurs ses fiefs. Il mourut peu après, en 1219.

Charte de 1225 : Eustache de Falkenberg, trésorier de l'Échiquier, élu évêque de Londres après la démission de Guillaume de Sainte-Mère l'Église (1221). Il fut chargé par le roi d'aller réclamer la Normandie à Louis VIII à la mort de Philippe-Auguste et mourut en 1228.

Guillaume de Blois, évêque de Worcester après Sylvestre d'Evesham (1218-1236).

Jean Phrd, abbé de Fountains, évêque d'Ely en 1220, mort le 6 mai 1225.

Hugues Foliot, évêque de Hereford (1219-1234).

Raoul de Neville, chancelier élu par les grands du royaume, évêque de Chichester en 1224; son élection à l'archevêché de Cantorbéry (1231) fut cassée par le pape, parce qu'on l'accusait d'être hostile au tribut promis au Saint-Siège par le roi Jean. Henri III lui retira les sceaux et le chassa de sa cour en 1238; il mourut en 1244. C'était un politique dévoué à la cause aristocratique.

Guillaume Brewer, évêque d'Exeter (1224-1244). Il prit part à la sixième croisade où il se déclara pour le Pape contre l'Empereur, ce qui ne l'empêcha pas d'être chargé de conduire auprès de Frédéric II sa nouvelle épouse, Isabelle d'Angleterre, sœur de Henri III (1235).

Hugues de Northwold ou Norwolde, abbé de Saint-Edmundsbury, élu deux ans après Samson, mort en 1212, et consacré en mars 1215. Il devint évêque d'Ely en 1229 et mourut en 1231.

Guillaume de Trumpington, abbé de Saint-Alban (1214-1235).

Richard, abbé de Battle après Hugues, évêque de Carlisle en 1218; il mourut en 1235.

Robert de Battle, abbé de Saint-Augustin de Cantorbéry, après Hugues mort vers 1224. Il mourut en 1252.

Raoul, prieur de Worcester, successeur à l'abbaye d'Evesham de Roger Norreis, qui fut déposé en 1213 à cause de ses mœurs dissolues. Il mourut en décembre 1229.

Richard de Barking, abbé de Westminster (1222-1246).

Alexandre de Holderness, abbé de Peterborough (1222-1226).

Simon, abbé de Reading (1213-1226); il fut chargé par le Pape, en 1215, avec l'évêque de Winchester et Pandolfo, de lancer l'excommunication générale contre tous ceux qui attaqueraient le roi.

Robert de Henreth, abbé d'Abingdon après Hugues mort en 1221; il mourut en 1234.

Jean de Galles (Wallensis), abbé de Malmesbury après Walter Loring mort en 1222. Dugdale (I, 254) n'en dit rien de plus.

Gauthier d'Aston, abbé de Hyde (New Minster de Winchester) après Jean mort en 1222.

Alain, abbé de Chertsey (1223-1261).

R., prieur, élu abbé de Cerne en 1220.

L'abbaye d'Abbotsbury était vacante en 1213; Dugdale (II, 53) ne donne aucun nom d'abbé avant 1234.

Guillaume de Stokes, élu abbé de Middleton ou Milton en 1222. Son successeur, Guillaume de Taunton, fut élu en 1256.

Richard de Kellesay était déjà abbé de Selby en 1222; il mourut en 1237.

Roger de Scarborough, abbé de Whitby (1223-1241).

Gautier (ou Richard), abbé de Cirencester, après le célèbre Alexandre Neckam, auteur du *De naturis rerum* mort en 1217; il mourut en 1230.

Renouf, appelé seulement comte de Chester dans la charte de 1215, reçut, en outre, le comté de Lincoln après la bataille du même nom où il commandait une partie de l'armée royale et où fut pris Gilbert de Gand, que Louis de France avait investi de ce comté. Il se mit, en 1224, à la tête du soulèvement des barons contre le roi et son justicier, Hubert de Bourg, mais fut bientôt obligé de faire sa soumission. A sa mort, le comté de Chester passa à l'un de ses neveux, Jean d'Ecosse, et celui de Lincoln à un autre, Jean de Lacy.

Gilbert III, comte de Clare, de Hereford et de Gloucester après la mort de son père Richard (1217). Il épousa Isabelle, fille et cohéritière de Guillaume le Maréchal; il mourut au retour de l'expédition en Bretagne où il avait accompagné Henri III (1230).

Guillaume de Mandeville, comte d'Essex, était frère cadet de Gautier, qui fut tué dans un tournois en 1216; il fut un des partisans de Louis de France et mourut tout jeune en 1226.

Hugues Bigot, comte de Norfolk, petit-fils de Hugues nommé dans la charte d'Étienne, et fils de Roger mort en 1221. Il combattit avec son père dans les rangs des barons contre Jean sans Terre, et mourut à la fin de 1225; il épousa Mathilde, fille aînée de Guillaume le Maréchal.

Honfroi V de Bohon, comte de Hereford, fils de Henri qui mourut en 1220, en route pour la Terre Sainte. Il devint comte d'Essex après la mort de Guillaume de Mandeville, frère de sa mère, et joua un grand rôle politique pendant tout le règne de Henri III; allié du comte de Leicester, il l'abandonna en 1263, pendant que son fils, Honfroi VI, restait fidèle à la cause des barons; il fut pris à Lewes (1264). Après la mort du comte de Leicester, il jouit d'une grande faveur auprès du roi et mourut en 1274. Son fils, Honfroi VI, fut pris à la bataille d'Evesham et mourut quelques jours après (1265).

Jean de Lacy (des Lacy de Pontefract), connétable de Chester, fils de Robert qui défendit Château-Gaillard contre Philippe-Auguste (mort en 1211); il prit le parti des barons contre Jean sans Terre; il succéda comme comté de Lincoln à son oncle Renouf (1233) et fut un des « mauvais conseillers » de Henri III; il mourut en 1240.

Robert, quatrième baron de Ross, partisan de Louis de France; il était fils aîné d'Everard et mourut en 1227. Il fit construire le château de Helmsley qui fut désormais le chef-lieu de sa baronnie. Il épousa une des filles de Guillaume le Lion, roi d'Ecosse.

Robert Fils-Gautier, un des barons confédérés en 1215 et partisan déclaré de Louis de France; il fut pris à la bataille de Lincoln. Il partit l'année suivante pour le siège de Damiette et mourut en 1235.

Robert de Vipont, un des « consiliarii iniquissimi » de Jean auquel il resta fidèle; il prit part, avec Renouf, comte de Chester, au soulèvement avorté de 1224 et mourut en 1228.

Richard de Montfichet, fils de Richard I qui fut, en 1202, shériff des comtés d'Essex et de Hertfort, mort en 1204. Partisan des barons, en 1215, et de Louis de France, il fut pris à Lincoln. Il mourut après 1258 sans postérité.

Pierre Fils-Herbert, un des « mauvais conseillers » du roi Jean. Il mourut en 1235. Mathieu, son frère, est cité plus haut parmi ceux qui donnèrent leur assentiment à la charte de 1216.

Guillaume d'Aubigni (de Beauvoir); dans le soulèvement de 1216, il défendit héroïquement le château de Rochester contre le roi Jean, mais il combattit dans les rangs de l'armée royale contre Louis de France. Il mourut en 1236. Il ne faut pas le confondre avec Guillaume III, comte de Sussex, qui combattit avec Louis de France à Lincoln et qui mourut au retour de la cinquième croisade.

Robert, troisième baron de Gresley, fils d'Albert qui mourut vers 1166. Il fut partisan des barons contre Jean qui confisqua ses biens. Il mourut en 1231. Le siège de sa seigneurie était à Manchester. Il avait épousé la fille de Henri de Longchamp, chancelier de Richard I.

Renaud, sixième baron de Braouse, fils de Guillaume mort en exil à Paris en 1212. Sa mère et son frère aîné furent condamnés par le roi Jean à mourir de faim à Windsor en 1210. Un autre de ses frères, Giles, évêque de Hereford, tint aussi pour le parti des barons contre le roi Jean. Dugdale dit qu'il mourut en 1227.

Jean Fils-Alan, de Clun, frère et successeur de Guillaume mort vers 121.. Il mourut en 1240. Il possédait les châteaux de Clun et de Blancminster.

Guillaume, fils d'Adam de Port, le premier de sa famille qui porta le nom de Saint-Jean, premier baron de Basing, un des partisans des barons en 1215. Il mourut après 1220, année où il était gouverneur des îles de Jersey et Guernesey.

Pierre, second baron de Mauley, fils de Pierre qui avait été un des « mauvais conseillers » du roi Jean; il prit part au soulèvement de Renouf de Chester en 1224; il alla à la croisade en 1241, et mourut la même année.

Brian de Lille, un des « mauvais conseillers » du roi Jean et adversaire de Louis de France, prit part au soulèvement du comte de Chester en 1224. L'année suivante, il fut chargé, avec Hugues de Neville et d'autres, de faire des enquêtes dans toute l'Angleterre sur l'état des forêts, en conformité de la confirmation de la *Carta de foresta*.

Thomas, troisième baron de Multon, défendit Rochester contre Jean avec Guillaume d'Aubigny et, après la reddition, fut enfermé avec celui-ci au château de Corfe. Juge itinérant à Dunstable en 1224, il faillit se faire enlever par Fawkes de Bréauté. Il mourut riche et avec un grand renom de science juridique en 1240.

Richard d'Argenton « nobilis miles et in armis strenuus » (Paris, III, 161). Il visita l'Orient et attesta la vérité des fables que l'archevêque d'Arménie vint, en 1228, conter à Saint-Alban sur le Juif errant et sur l'arche de Noé. Il mourut en 1246.

Geofroi de Neville, fils d'Alain qui avait été juge itinérant sous Henri II et qui était mort en 1191. Il resta fidèle à Jean sans Terre et, en qualité de shériff du comté d'York, il organisa la résistance dans le Nord contre Robert de Ross. Il fut sénéchal du Poitou en 1218, puis shériff du comté d'York pour la seconde fois jusqu'en 1225.

Guillaume, cinquième baron de Mauduit, un des seigneurs confédérés contre le roi en 1215 avec son père Robert, baron de Hanslape. Il fut pris à la bataille de Lincoln et mourut en 1257.

Jean de Ballon était un des barons de la Marche galloise, il prit part à l'expédition conduite en Irlande par le roi Jean en 1210-1211; plus tard, il se joignit aux barons contre lui et ses biens furent confisqués; mais il rentra dans l'allégeance de Henri III; il fut juge itinérant avec Mathieu de Pateshull en 1224 et mourut en 1235. Dugdale (I, 453) ne mentionne que son fils, appelé aussi Jean.

VIII. — CHARTE DE LA FORÊT

(6 novembre 1217.)

Roger de Wendover affirme que le roi Jean promulgua une charte de la forêt en même temps que la charte des libertés. Cette assertion est plus que douteuse, malgré les textes qu'il insère dans sa chronique. Ce n'est pas seulement parce qu'il n'existe de cet acte aucun original ni aucune copie ancienne et indépendante de Wendover, c'est surtout parce que la législation des forêts avait été réglée sommairement dans la Grande Charte de 1215 (art. 47, 48, 53). — De la charte de 1217 (2ᵉ année de Henri III), il existe un original scellé du sceau du légat, mais en partie mutilé, aux archives épiscopales de Durham ; nous avons suivi le texte publié dans les *Statutes of the Realm* (charters of liberties page 20) où l'on a complété les parties détruites à l'aide de trois copies anciennes. On y a joint un fac-similé gravé. De celle qui fut promulguée en 1225 (9ᵉ année de Henri III), il existe aux mêmes archives un original scellé du grand sceau d'Angleterre, mais également endommagé. Les éditeurs des *Statutes* (*ibid.*, p. 27) ont suppléé les lacunes au moyen d'une copie ancienne transcrite sur un registre de Durham. Blackstone a publié seulement la Charte de 1225. Cf. Stubbs : *Select charters*, p. 347 [1].

Henricus Dei gratia rex Anglie, dominus Hibernie, dux Normannie, Aquitanie et comes Andegavie, archiepiscopis, episcopis, abbatibus, prioribus, comitibus, baronibus, justiciariis, forestariis, vicecomitibus, prepositis, ministris, et

1. Nous donnons en note seulement les variantes fournies par la rédaction de 1225, sans y ajouter celles de l'*Inspeximus* de 1300, qu'on trouvera dans Blackstone et dans les *Statutes* (*ibid*, p. 42).

omnibus ballivis et fidelibus suis [1], salutem. Sciatis quod, intuitu Dei et pro salute anime nostre et animarum antecessorum et successorum nostrorum, ad exaltacionem Sancte Ecclesie et emendacionem regni nostri, concessimus [2] et hac presenti carta confirmavimus pro nobis et heredibus nostris in perpetuum, de consilio venerabilis patris nostri domini Gualonis tituli sancti Martini presbiteri cardinalis et apostolice sedis legati, domini Walteri Eboracensis archiepiscopi, Willelmi Londoniensis episcopi, et aliorum episcoporum Anglie, et Willelmi Marescalli comitis Penbrocie, rectoris nostri et regni nostri, et aliorum fidelium comitum et baronum nostrorum Anglie, has libertates subscriptas tenendas in regno nostro Anglie, in perpetuum :

1. In primis omnes foreste quas Henricus rex avus noster afforestavit videantur per bonos et legales homines; et, si boscum aliquem alium quam suum dominicum afforestaverit ad dampnum illius cujus boscus fuerit, deafforestentur. Et si boscum suum proprium afforestaverit, remaneat foresta, salva communa de herbagio et aliis in eadem foresta, illis qui eam prius habere consueverunt.

2. Homines [3] qui manent extra forestam non veniant decetero coram justiciariis nostris de foresta per communes summoniciones, nisi sint in placito, vel plegii alicujus vel aliquorum qui attachiati sunt propter forestam.

3. Omnes autem bosci qui fuerunt [4] afforestati per regem Ricardum avunculum nostrum, vel per regem Johannem patrem nostrum usque ad primam coronacionem nostram, statim deafforestentur, nisi fuerit [5] dominicus boscus noster.

---

1. 1225 ajoute : *presentem cartam inspecturis.*
2. Dans 1225 : *Spontanea et bona voluntate nostra dedimus et concessimus archiepiscopis, episcopis, comitibus, baronibus et omnibus de regno nostro has libertates subscriptas tenendas in regno nostro Anglie in perpetuum. In primis..., etc.*
3. 1225 ajoute : *vero.*
4. Dans 1225 : *fuerint.*
5. Dans 1215 : *sit.*

4. Archiepiscopi, episcopi, abbates, priores, comites [1] et barones et milites et libere tenentes, qui boscos suos habent in forestis, habeant boscos suos sicut eos habuerunt tempore prime coronacionis predicti [2] regis Henrici avi nostri, ita quod quieti sint in perpetuum de omnibus purpresturis, vastis et assartis factis in illis boscis, post illud tempus usque ad principium secundi anni coronacionis nostre. Et qui de cetero vastum [3], purpresturam, vel assartum sine licencia nostra in illis fecerint, de vastis et assartis respondeant.

5. Reguardores nostri eant per forestas ad faciendum reguardum sicut fieri consuevit tempore prime coronacionis predicti regis Henrici avi nostri, et non aliter.

6. Inquisicio, vel visus de expeditacione canum existencium in foresta, decetero fiat quando debet fieri reguardum, scilicet de tercio anno in tercium annum; et tunc fiat per visum et testimonium legalium hominum et non aliter. Et ille, cujus canis inventus fuerit tunc non expeditatus, det pro misericordia tres solidos; et de cetero nullus bos capiatur pro expeditacione. Talis autem sit expeditacio per assisam communiter quod tres ortilli abscidantur (*sic*) sine pelota de pede anteriori; nec expeditentur canes de cetero, nisi in locis ubi consueverunt expeditari tempore prime coronacionis regis Henrici avi nostri.

7. Nullus forestarius vel bedellus decetero faciat scotale [4], vel colligat garbas, vel avenam, vel bladum aliud, vel agnos, vel porcellos, nec aliquam collectam faciant; et per visum et sacramentum duodecim reguardorum quando facient reguardum, tot forestarii ponantur ad forestas custodiendas, quot ad illas custodiendas rationabiliter viderint sufficere.

---

1. Dans 1225 : *comites, barones, milites, libere tenentes, qui habent boscos suos in forestis.*
2. *Predicti* est omis dans 1225.
3. Dans 1225 : *Vastum vel purpresturam sine licencia nostra in illis fecerit, vel essartum, de vastis, purpresturis et essartis respondeant.*
4. Dans 1225 : *scotallas.*

8. Nullum suanimotum[1] de cetero teneatur in regno nostro nisi ter in anno; videlicet in principio quindecim dierum ante festum Sancti Michaelis, quando agistatores[2] conveniunt ad agistandum dominicos boscos nostros ; et circa festum Sancti Martini quando agistatores nostri debent recipere pannagium nostrum ; et ad ista duo suanimota conveniant forestarii, viridarii, et agistatores, et nullus alius[3] per districtionem; et tercium suanimotum teneatur in inicio quindecim dierum ante festum Sancti Johannis Baptiste, pro feonacione bestiarum nostrarum ; et ad istud suanimotum tenendum convenient forestarii et viridarii et nulli alii per districtionem. Et[4] preterea singulis quadraginta diebus per totum annum conveniant viridarii et forestarii ad videndum attachiamenta de foresta, tam de viridi, quam de venacione, per presentacionem ipsorum forestariorum, et coram ipsis attachiatis. Predicta autem suanimota non teneantur nisi in comitatibus in quibus teneri consueverunt.

9. Unusquisque liber homo agistet boscum suum[5] in foresta pro voluntate sua et habeat pannagium suum. Concedimus eciam quod unusquisque liber homo possit ducere porcos suos per dominicum boscum nostrum, libere et sine inpedimento, ad agistandum eos in boscis suis propriis, vel alibi ubi voluerit. Et si porci alicujus liberi hominis una nocte pernoctaverint in foresta nostra, non inde occasionetur ita quod[6] aliquid de suo perdat.

10. Nullus de cetero amittat vitam vel menbra (sic) pro venacione nostra ; set, si aliquis captus fuerit et convictus de capcione venacionis, graviter redimatur, si habeat unde redimi possit; et si non habeat[7] unde redimi possit, jaceat in prisona nostra per unum annum et unum diem; et, si

---

1. Dans 1225 : *Swanimotum* (*Swainimotum* dans l'*Inspeximus* d'Édouard I).
2. 1225 ajoute : *nostri.*
3. Dans 1225 : *nulli alii.*
4. *Et* omis dans 1225.
5. 1225 ajoute : *quem habet.*
6. Dans 1225 : *Unde aliquid de suo perdat.*
7. Dans 1225 : *Si autem non habeat.*

post unum annum et unum diem plegios invenire possit, exeat a prisona; sin autem, abjuret regnum Anglie.

11. Quicunque archiepiscopus, episcopus, comes vel baro[1] transierit per forestam nostram, liceat ei capere unam vel duas bestias per visum forestarii, si presens fuerit ; sin autem, faciat cornari, ne videatur furtive hoc facere [2].

12. Unusquisque liber homo decetero sine occasione faciat in bosco suo, vel in terra sua quam habeat in foresta, molendinum, vivarium, stagnum, marleram, fossatum, vel terram arabilem extra cooperatum[3] in terra arabili, ita quod non sit ad nocumentum alicujus vicini.

13. Unusquisque liber homo habeat in boscis suis aereas ancipitrum[4] et spervariorum et falconum, aquilarum, et de heyrinis[5], et habeat similiter mel quod inventum fuerit in boscis suis.

14. Nullus forestarius de cetero, qui non sit forestarius de feudo reddens nobis firmam pro balliva sua, capiat chiminagium aliquod in balliva sua; forestarius autem de feudo firmam nobis reddens pro balliva sua capiat chiminagium, videlicet pro careta per dimidium annum duos denarios, et per alium dimidium annum duos denarios, et pro equo qui portat sumagium per dimidium annum unum obolum, et per alium dimidium annum obolum, et non nisi de illis qui de extra ballivam suam, tanquam mercatores, veniunt per licenciam suam in ballivam suam ad buscam, meremium, corticem vel carbonem emendum, et alias ducendum ad vendendum ubi voluerint : et de nulla alia careta vel sumagio aliquod chiminagium (sic[6]) capiatur : et non capiatur chiminagium nisi in locis illis ubi antiquitus capi sole-

---

1. 1225 ajoute : *veniens ad nos ad mandatum nostrum.*
2. 1225 ajoute : *Idem liceat eis in redeundo facere sicut predictum est.*
3. Dans 1225 : *Coopertum,* leçon qui se trouve aussi dans une des copies de la charte de 1217.
4. Dans le fac-similé gravé de la charte de 1217 et dans la transcription des *Statutes,* il y a ici seulement [an]*ciptum.* La leçon *ancipitrum* (pour *accipitrum*) est fournie par la charte de 1225.
5. L'*Inspeximus* d'Édouard I porte : *et heironum.*
6. Dans 1225 : *Cheminagium.*

bat et debuit. Illi autem qui portant super dorsum suum
buscam, corticem, vel carbonem, ad vendendum, quamvis
inde vivant, nullum de cetero dent chiminagium. De boscis
autem aliorum nullum detur chiminagium foristariis (*sic*)
nostris, preterquam de dominicis boscis nostris[1].

15. Omnes utlagati pro foresta tantum a tempore regis
Henrici avi nostri usque ad primam coronacionem nostram,
veniant ad pacem nostram sine inpedimento, et salvos plegios inveniant quod de cetero non forisfaciant nobis de
foresta nostra.

16. Nullus castellanus vel alius[2] teneat placita de foresta
sive de viridi sive de venacione, sed quilibet forestarius de
feudo attachiet placita de foresta tam de viridi quam de
venacione, et ea presentet viridariis provinciarum; et, cum
irrotulata fuerint et sub sigillis viridariorum inclusa, pre-
sententur capitali forestario[3] cum in partes illas venerit ad
tenendum placita foreste, et coram eo terminentur.

17. Has autem libertates de forestis concessimus omnibus, salvis archiepiscopis, episcopis, abbatibus, prioribus,
comitibus, baronibus, militibus et aliis tam personis ecclesiasticis quam secularibus, Templariis et Hospitalariis,
libertatibus et liberis consuetudinibus in forestis et extra,
in warennis et aliis, quas prius habuerunt. Omnes autem
istas consuetudines predictas et libertates, quas concessimus in regno nostro tenendas quantum ad nos pertinet erga
nostros, omnes de regno nostro[4] tam clerici quam laici
observent quantum ad se pertinet erga suos[5]. Quia vero

---

1. Cette dernière phrase (depuis *De boscis*) manque dans 1225.
2. *Vel alius* manque dans 1225.
3. 1225 ajoute : *nostro*.
4. Les mots : *tam clerici quam laici*, manquent dans 1225.
5. A partir de cet endroit, la rédaction de 1225 se termine autrement : « Pro
hac igitur concessione et donacione libertatum istarum et aliarum libertatum contentarum in majori carta nostra de aliis libertatibus, archiepiscopi,
episcopi, abbates, priores, comites, barones, milites, libere tenentes, et
omnes de regno nostro, dederunt nobis quintamdecimam partem omnium
mobilium suorum. Concessimus eciam eisdem pro nobis et heredibus nostris
quod nec nos nec heredes nostri aliquid perquiremus per quod libertates in
hac carta contente infringantur vel infirmentur; et, si ab aliquo aliquid contra hoc perquisitum fuerit, nichil valeat et pro nullo habeatur. Hiis tes-

sigillum nondum habuimus, presentem cartam sigillis vene-
rabilis patris nostri domini Gualonis tituli Sancti Martini
presbiteri cardinalis, apostolice sedis legati, et Willelmi
Marescalli comitis Penbrok, rectoris nostri et regni nos-
tri, fecimus sigillari. Testibus prenominatis et aliis multis.
Datum per manus predictorum domini legati et Willelmi
Marescalli apud Sanctum Paulum London., sexto die
Novembris, anno regni nostri secundo.

tibus..... » Il est inutile de donner la suite, car les noms et l'ordre des témoins
sont les mêmes que dans la Grande Charte, à cette seule exception que
Richard, évêque de Salisbury, est mentionné après Hugues de Lincoln, tandis
qu'il n'y est pas nommé, comme on l'a vu plus haut, dans l'un des originaux
de cette Charte.

IX. — SENTENCE D'EXCOMMUNICATION

(13 mai 1253.)

Une expédition scellée de cette sentence se trouve aux archives de la cathédrale de Wells, avec les queues de parchemin et quelques fragments des sceaux de l'archevêque et des quatorze évêques nommés en tête de l'acte. Le texte en a été reproduit dans la dernière édition de Rymer (1816), I, 289. Les éditeurs des *Statutes of the realm* ont publié celui qui a été transcrit dans le « Livre rouge » de l'Échiquier (fol. 187 r°)[1], mais ils ont donné en note les variantes fournies par l'original de Wells. Dans ces deux éditions, la sentence est suivie d'une notice marquant l'assentiment des grands seigneurs laïques (*noverint universi.....*, etc.), et tirée du rôle des lettres patentes de la 37° année de Henri III, membr. 12, d. Nous publions ces deux actes : le premier d'après Rymer, le second d'après les *Statutes of the realm* (Rymer ici est incorrect). — Blackstone les a donnés également (p. 70), mais, pour le premier, il ne connaissait que la copie du « Livre rouge » et, pour l'autre, il n'en indique pas la provenance. Stubbs (*Select Charters*, p. 374) a publié seulement le premier.

Excommunicacio generalis in venientes contra libertates contentas in Magna Carta libertatum Anglie et de Foresta[2].

Anno Domini m.cc.liii°, tercio idus mayi, in majori aula Regia Westmonasterii, sub presencia et assensu domini

---

1. Non plus dans la section consacrée aux *Charters of liberties*, mais parmi les statuts eux-mêmes, I, p. 6. La sentence figure, en effet, à sa date dans la plupart des anciens recueils de statuts.
2. Coté au dos de la charte de Wells.

Henrici), Dei gracia Regis Anglie illustris, et dominorum
Ricardi comitis Cornubie, fratris sui, Rogeri comitis Nor-
folchie et Suffolchie, marescalli Anglie, Hunfridi comitis
Herefordie, Hugonis comitis Oxonie, Johannis comitis
Warwyk et aliorum optimatum regni Anglie, nos Bonifa-
cius divina miseracione Cantuariensis archiepiscopus, tocius
Anglie primas, Fulco Londoniensis, Hugo Elyensis,
Robertus Lincolniensis, Walterus Wygorniensis, Walterus Norwicensis, Petrus Herefordiensis, Willelmus Sarris-
beriensis, Walterus Dunolmensis, Ricardus Exoniensis,
Silvester Karliolensis, Willelmus Bathoniensis, Laurentius
Roffensis, Thomas Menevensis episcopi, pontificalibus
induti, candelis accensis, in transgressores libertatum
ecclesiasticarum et libertatum seu liberarum consuetudinum
regni Anglie, et precipue earum que continentur in carta
communium libertatum regni et carta de foresta, excommunicacionis sentenciam solempniter tulimus sub hac
forma :

Auctoritate Dei omnipotentis patris, et filii, et Spiritus
sancti, et gloriose Dei genitricis semperque virginis Marie,
beatorum apostolorum Petri et Pauli, omniumque apostolorum, beati Thome archiepiscopi et martiris, omniumque
martirum, beati Edwardi Regis Anglie, omniumque confes-
sorum et virginum, omniumque sanctorum Dei, excommu-
nicamus et anatematizamus et a liminibus sancte matris
Ecclesie sequestramus omnes illos qui amodo scienter et
maliciose ecclesias privaverint vel spoliaverint suo jure;
item omnes illos qui ecclesiasticas libertates vel antiquas
regni consuetudines approbatas, et precipue libertates et
liberas consuetudines que in cartis communium libertatum
et de foresta continentur, concessis a domino Rege archiepiscopis, episcopis et ceteris Anglie prelatis, comitibus,
baronibus, militibus et libere tenentibus, quacumque arte
vel ingenio violaverint, infregerint, diminuerint seu immu-
taverint, clam vel palam, facto, verbo vel consilio, contra
illas vel earum aliquam in quocumque articulo temere
veniendo; item omnes illos qui contra illas vel earum ali-

quam statuta ediderint vel edita servaverint, consuetudines
introduxerint vel servaverint introductas, scriptores statutorum necnon consiliarios et executores qui secundum ea
presumpserint judicare. Qui omnes et singuli superius
memorati hanc sentenciam incursuros se noverint ipso facto,
qui scienter aliquid commiserint de predictis. Qui vero
ignoranter, nisi comoniti infra quindenam a tempore com-
monicionis se correxerint et arbitrio ordinariorum plene
satisfecerint de commissis, extunc sint hac sentencia invo-
luti. Eadem eciam sentencia innodamus omnes illos qui
pacem Regis et regni presumpserint perturbare. In cujus
rei memoriam sempiternam nos signa nostra presentibus
duximus apponenda.

Noverint universi quod dominus Henricus Rex Anglic
illustris, Rogerus comes Norffolcie et marescallus Anglie,
Hunfridus comes Herefordie et Essexie, Johannes comes de
Warrewic., Petrus de Sabaudia, ceterique magnates Anglie,
consenserunt in sentenciam excommunicacionis generaliter
latam apud Westmonasterium tercio decimo die maii, anno
regni Regis predicti xxxvijᵒ in hac forma, scilicet quod vinculo prelate sentencie ligentur omnes venientes contra
libertates contentas in cartis communium libertatum Anglie
et de foresta, et omnes qui libertates Ecclesie anglicane
temporibus domini Regis et predecessorum suorum regum
Anglie optentas et usitatas scienter et maliciose violaverint
aut infringere presumpserint, et omnes illi qui pacem
domini Regis et regni perturbaverint, et similiter omnes
qui jura et libertates Regis et regni diminuere, infringere
seu inmutare presumpserint, et quod omnes venientes contra premissa vel eorum aliqua ignoranter et legitime
moniti, infra quindenam post monicionem premissam dic-
tam transgressionem non emendaverint, extunc predicte
sententie excommunicacionis subjacebunt, ita tamen quod
dominus Rex transgressionem illam per consideracionem
curie sue faciat emendari. Sciendum autem quod, si in
scriptis super eadem sentencia a quibuscunque confectis

seu conficiendis aliud vel aliter appositum vel adjectum fuerit, aut articuli aliqui alii in eis contenti inveniantur, dominus Rex, et predicti magnates omnes, et communitas populi protestantur publice, in presencia venerabilium patrum Bonifacii Dei gratia Cantuariensis archiepiscopi, tocius Anglie primatis, necnon et episcoporum omnium in eodem colloquio existencium, quod in ea nunquam consenserunt nec consenciunt, set de plano eis contradicunt. Preterea prefatus dominus Rex in prolacione prefate sentencie omnes libertates et consuetudines regni nostri antiquas et usitatas, et dignitates et jura corone sue ore proprio specialiter sibi et regno suo salvavit et excepit.

In cujus rei memoriam et in posterum veritatis testimonium, tam dominus Rex quam predicti comites, ad instanciam aliorum magnatum et populi, presenti scripto sigilla sua apposuerunt.

NOTES BIOGRAPHIQUES

Richard, comte de Cornouailles, frère de Henri III, né en 1209. Il conduisit une croisade en Palestine, en 1240, et fut élu, en 1257, roi d'Allemagne, mais ne fut jamais sacré empereur. Il combattit Simon de Montfort qui le fit prisonnier à Lewes et mourut en 1271.

Roger Bigot, comte de Norfolk et de Suffolk après son père Hugues mort en 1225. Il fut fait, en 1246, maréchal d'Angleterre, du chef de sa mère Mathilde, fille aînée du grand comte Guillaume le Maréchal. Il fut un des chefs du parti aristocratique avec Simon de Montfort et mourut sans postérité en 1270.

Hugues de Ver, quatrième comte d'Oxford, après son père Robert mort en 1221 (5. Henri III). Il fut armé chevalier à Gloucester, en 1233, et mourut trente ans plus tard (1263.)

Jean de Plessis, huitième comte de Warwick. Il servit en Gascogne sous le prince Édouard et fut pris au retour à Pons en 1254; il fut un des partisans du roi dans la guerre des Barons.

Boniface de Savoie, archevêque de Cantorbéry (1245-1270). Il était oncle de la reine d'Angleterre et fut un zélé de la cause royale dans la guerre des Barons.

Foulques Basset, évêque de Londres (1244-1259). Il était frère de Gilbert (des Basset de Wycombe), qui mourut en 1241.

Hugues Norwold, évêque d'Ely (1229-1254).

Robert Grosseléte, évêque de Lincoln (1235-1254); prélat célèbre par sa science, la sévérité de ses mœurs et son esprit d'indépendance épiscopale. Il fut l'ami et le conseiller du comte de Leicester.

Gautier de Chanteloup, fils cadet de Guillaume, premier baron de Cantilupe, fut élu évêque de Worcester, le 30 août 1236 et consacré l'année suivante, à Viterbe, par Grégoire IX (3 mai 1237). Il fut, avec Robert Grosseléte, un des prélats les plus remarquables de son temps. Partisan de Simon de Montfort jusqu'à la fin, il fut suspendu après Evesham et appelé à Rome pour se justifier. Il mourut peu après, le 12 février 1266.

Gauthier de Suffield, évêque de Norwich (1244-1257).

Pierre d'Aigleblanche, évêque de Hereford (1240-1268), était un familier de Guillaume de Valence, demi-frère de Henri III; Henri III l'employait constamment dans les affaires les plus délicates.

Guillaume d'York, prévôt de Beverley, avait été juge itinérant avant de devenir évêque de Salisbury (1246). Il vécut dans l'intimité du roi et de la reine et mourut impopulaire (1255).

Gautier de Kirkham, évêque de Durham (1249-1260).

Richard le Blond, évêque d'Exeter (1245-1257).

Sylvestre, vice-chancelier, élu, malgré un premier refus, à l'évêché de Carlisle (1246); il mourut d'une chute de cheval (13 mai 1254).

Guillaume de Buttone, évêque de Bath et Wells (1248-1265); Henri III le chargea de négocier le mariage de son fils Édouard avec Aliénor, sœur du roi de Castille Alfonso X.

Laurent de Saint-Martin, conseiller intime du roi, surtout pour les affaires ecclésiastiques, évêque de Rochester (1251-1274).

Thomas le Gallois, archidiacre de Lincoln, évêque de Saint-David (1248-1256.)

X. — DOLÉANCES DU PARLEMENT

(Juillet 1297.)

Cette pièce a été rédigée à la fois, peut-être même en même temps, en latin et en français. Nous la connaissons uniquement par les chroniqueurs du temps qui l'ont recueillie. Le texte en latin se trouve dans Nicolas Trevet : *Annales sex regum Angliae qui a comitibus andegavensibus originem traxerunt*, 1136-1307 (édit. Th. Hog), p. 360, et dans Guillaume de Rishanger : *Chronica monasterii S. Albani* (édit. Riley), p. 175, qui a été copié par Thomas de Walsingham : *Historia anglicana* (édit. Riley), I, p. 67.

Le texte français est donné par trois chroniqueurs : 1° Barthélemy de Cotton : *Historia anglicana* (édit. H. R. Luard), p. 325 ; 2° Walter ou Gautier de Hemingburgh (ou Hemingford) : *Chronicon de gestis regum Anglie* (édit. H.-Cl. Hamilton), II, 124 ; 3° Henri de Cnitthon : *De eventibus Anglie* (édit. J.-R. Lumby), I, 367. Ces trois rédactions en français présentent de grandes différences orthographiques ; mais elles doivent avoir été copiées sur un exemplaire commun, qui n'était sans doute pas très correct, car elles contiennent toutes trois (aux articles 1 et 5) deux phrases presque inintelligibles, malgré les variantes fournies par les divers manuscrits. Nous donnerons seulement le texte latin, parce qu'il est à la fois correct et complet. Nous reproduisons le texte publié par Hog dans son édition de Trevet, avec les variantes fournies par Rishanger-Walsingham.

Articuli quos comites petierunt nomine Communitatis[1].

Hec sunt nocumenta que archiepiscopi, episcopi, abbates, priores, comites, barones et tota terre communitas terre monstrant domino nostro regi; et humiliter rogant eum ut ea ad honorem et salvationem populi sui velit corrigere et emendare.

1. In primis videtur toti communitati terre quod premonitio[2] facta eis per breve domini nostri regis non erat satis sufficiens, quia non exprimebatur certus locus quo debebant ire, quia secundum locum oportebat facere providentiam et pecuniam habere, et sive deberent servitium facere, sive non. Et[3] quia dictum est communiter quod dominus noster vult transire[4] in Flandriam, videtur toti communitati quod ibi non debent aliquod servitium facere, quia nec ipsi nec predecessores seu progenitores unquam fecerunt servitium in terra illa; et quamvis ita esset quod deberent ibi servitium facere vel[5] alibi, tamen non habent facultatem faciendi, quia nimis afflicti sunt per diversa tallagia, auxilia, prisas, videlicet de avenis, frumentis, braseo, lanis, coriis, bobus, vaccis, carnibus salsis, sine solutione alicujus denarii, de quibus debuerant se sustentasse.

2. Preter hec dicunt quod auxilium facere non possunt propter paupertatem in qua sunt propter tallagia et prisas antedictas, quia vix habent unde se sustentent; et multi sunt qui nullam sustentationem habent nec terras suas colere possunt.

3. Preter hec, tota communitas terre sentit se valde gravatam quia non tractatur secundum leges et consuetudines terre, secundum quas tractari antecessores sui solebant,

---

1. Dans Rishanger, cette rubrique est différente : *Petitiones communitatis regni directe Regi.* Il n'y en a pas dans Walsingham.
2. Rishanger-Walsingham : *premunitio.*
3. Id. : *et omis.*
4. Id. : *transfretare*, ainsi que plusieurs variantes des mss. de Trevet.
5. Id. : *ut.*

nec habent libertates quas solebant habere, sed voluntarie excluduntur.

4. Sentiunt se etiam multum[1] gravatos super hoc quod solebant tractari secundum articulos contentos in Magna Charta, cujus articuli omnes sunt omissi in majus damnum populi[2]; propter quod rogant dominum nostrum regem quod velit ista corrigere ad honorem suum et salvationem populi sui.

5. Preter hec, communitas terre sentit nimis se gravatam de assisa foreste, que non est custodita sicut consuevit, nec Charta foreste observatur; sed fiunt attachiamenta pro libitu extra assisam aliter quam fieri solebant[3].

6. Preterea tota communitas sentit se gravatam de vectigali lanarum, quod nimis est onerosum; videlicet de quolibet sacco quadraginta solidos et de lana fracta de quolibet sacco septem marcas. Lana enim Anglie ascendit fere ad valorem medietatis totius terre, et vectigal quod inde solvitur ascendit ad quintam partem valoris totius terre.

7. Quia vero communitas optat honorem et salutem domino nostro regi, sicut tenetur velle, non videtur eis quod sit ad bonum regis quod transeat in Flandriam, nisi plus esset assecuratus de Flandrensibus pro se et pro gente sua, et, simul cum hoc, propter terram Scotie que rebellare incipit ipso existente[4] in terra; et estimant quod pejus facient, cum certificati fuerint quod rex mare transierit; nec solum pro terra Scotie, sed etiam pro terris aliis que non sunt adhuc modo debito stabilite[5].

---

1. Id. : *multi.*
2. Id. : *populo universo.*
3. Id. : *consuevit.*
4. *Exeunte* dans Rishanger; *existente* dans Walsingham. Cette dernière leçon est évidemment la bonne.
5. Id. : *Stabilitate.*

XI. — PROCLAMATION ROYALE

(12 août 1297.)

Tandis que les Doléances des barons n'ont pas été consignées sur les rôles des archives royales, la proclamation d'Édouard I y a été soigneusement transcrite, et c'est là que Rymer l'a copiée [1]. Elle a été également insérée par Barthélemy de Cotton (p. 330), dans sa chronique si pleine de documents intéressants. Dans l'inventaire des archives capitulaires de Cantorbéry, publié parmi les rapports de la *R. Commission on historical manuscripts*, VIII, 337, M. J. Brigstocke Sheppard a longuement analysé une copie de cet acte qu'il a trouvée dans un des registres du chapitre. Il s'est efforcé d'en fixer la date (mi-juillet 1297); il eût pu s'épargner cette peine, puisque la copie des archives est exactement datée du 12 août.

Nous reproduisons le texte de Rymer qui n'est pas exempt de fautes, mais ces fautes sont le plus souvent des erreurs de lecture qu'il était aisé de corriger. Nous avons d'ailleurs pu, grâce à l'obligeance de M. Sheppard, consulter le registre de Cantorbéry, qui nous a permis de faire nos corrections à coup sûr.

De constabulario Anglie et mareschallo officia sua abdicantibus et de Rege excusando super exactionibus in regno factis per necessitates diversarum guerrarum [2].

Pur ceo qe le Roy desire touz jours la pees e la quiete e le bon estat de tutes les gentz de sun roïaume et nome-

---

1. L'édition de La Haye renvoie aux lettres *patentes* de la 25ᵉ année, 2ᵉ partie, membrana 7. Celle de la « Record commission » (1810), aux lettres *closes*, 25ᵉ année, membrana 7. Laquelle de ces deux indications est la vraie? Blackstone : *Magna Charta*, p. LXI, renvoie au rôle des lettres patentes, sur la foi de Brady.

2. Ce titre est donné par Rymer, sans doute d'après le manuscrit.

ment que apres son passage q'il bye ore faire a l'honur de
Deu e pur recoverir sun dreit heritage, dunt il est par grant
fraude deceu par le Roi de France, e pur le honur e le commun profit de sun reaume, tutes encheisouns, par queles
ladite pees ou quiete pussent estre en nule maniere trobleez,
soient du tut hostés kar acunes gentz purroient dire e fere
entendre au puple aucunes paroles noun verroies, desqueles
le meisme puple purroit estre mu de eux porter envers lur
seigneur lige autrement qe fere ne dussent, come endroit
de ceo qe le conte de Hereford e le conte mareschal se
aloygnerent nadguers de lui ou endreit de autres choses, lui
Rois, sur ceo e sur l'estat de lui e de sun reaume, e coment
les busoygnes du reaume sunt alees a une piece, fait asavoir
e voet qe tuz en sachent la verité, laquele s'enseut.

Nadguers, quaunt graunt partie de gentz d'armes d'Engleterre, les uns par priere, les autres par somounse du Roy,
vindrent a Lundres[1], le Roi, voillant purveer a la deliveraunce
de meisme les gentz e a aleggaunce de lur despens e de lur
deseses, maunda au ditz contes, com a conestable e mareschal d'Engleterre, qu'il venissent a luy a certeyn jour pur
ordiner la deliveraunce desdits gentz; auqueu jour le
conte de Hereford e mons. Jehan de Segrave, qui escusa le
conte mareschal par maladie, vindrent au Roi, e en lur presence e par lur assent fust ordiné qu'il feissent crier parmy
la citée de Lundres qe tutes les gentz qe estoient iloques
venuz par somons ou par priere feussent l'endemayn a
seint Poul devaunt lesditz conestable e mareschal, pur
savoir e mettre en remembraunce coment e de cumbien
chescun de eux voloyt servir ou eyder le Roi en cest veyage
de la outre; e lur dist le Roi qe, solonc ladite ordinaunce la
quele lur fust ballé en escrit, il feissent faire ladite crie. E
eux, receu ledit comaundement e la dite bille, s'en alerent;
pus mesme le jour a la nuyter (sic[2]) les ditz contes envoyerent

---

1. Le 8 juillet, selon le témoignage des *Flores historiarum*, dont on dirait
le récit calqué sur la Proclamation royale; le 8 juillet, lendemain de la trans-
lation de S. Thomas, était un lundi.
2. La copie de Cantorbéry porte : *a la nuytier.*

au Roy par mons. Jehan[1] Esturmi chivaler une bille escrit en ceste forme :

« Par ceo, chier sire, qe vus mandastes au mareschall par le conestable, par une bille, qu'il feist crier parmy la vile de Lundres, qe tuz iceux qe sunt venuz par vostre somounse ou par priere fussent demayn devaunt eux a seint Poul a houre de prime, e qu'il feissent mettre en roule combien des chivaus des uns e des autres, e ceo vous feissent asavoir, vous prient vostre conestable e vostre mareschal qe ceste chose vousissez commaunder a autre de vostre hostel. E pur ceo, sire, qe vus bien savez qe eux sunt cy venuz par vostre priere e ne mye par somonse, s'il ceo faissent, il entroyent en lur office pur service fere, par quoy il vus prient que vus les voillez commaunder a autre. »

E le Roi, resceu la dite bille e eu conseil sur ceo, pur ceo qu'il luy sembla qu'il avoyent meyns avysement maundé e ne voloyt mye qu'il en fussent suspris, enveya a eux mons. Geffrey de Geneville, mons. Thomas de Berkeleye, mons. Johan Tregoz, le conestable de la Tour, le gardeyn de Lundres[2], mons. Roger Brabazon e mons. Willame de Bereford, pur eux meuz aviser sur ceo, e qu'il purveissent en tieu manere qu'il ne feissent chose qe peust torner en prejudice du Roi ne de lur estat demeyne ; e si autrement ne se vousissent aviser, qe lors lur fust demaundé s'il avoueynt la dite bille e les paroles iloqes contenues, lesqueles il avouerent tut outre. Et quant ceste avouement fut reporté au Roi, il, eu sur ceo conseyl, mist en lu du conte de Hereford conestable mons. Thomas de Berkeleye, e en lu du conte mareschal mons. Geffrey de Geneville, pur ceo que les ditz contes avoient requis que le Roy commaundast a autres, sicome il est contenu en la dite bille. Sur ceo s'en aloygnerent les contes du Roy e de sa curt. Et tost apres ceo le

---

1. La copie de Cantorbéry et Cotton (p. 331) l'appellent Robert.
2. A la suite d'une tentative faite par le maire pour échapper à la juridiction des juges itinérants, le roi suspendit les privilèges municipaux de Londres, et remplaça le maire élu par un gardien nommé par lui (1285-1298). Cf. Stubbs, Constit. hist., III, 571. En 1297, le connétable de la Tour était sir Ralph Sandwich, chevalier de Kent, et le gardien de Londres sir John Breton.

ercevesk de Caunterbur. e plusours eveskes d'Engleterre
vindrent au Roy e luy prierent qu'il peussent parler as ditz
contes, e le Roy lur graunta ; par quoy le dit ercevesk e les
autres prelatz prierent as ditz countes q'il lur faissent asavoir ou il lur plerroit de venir pur parler a eux ; e les contes
lur remaunderent par lur lettres qu'il serroient a Waltham le
vendredi l'endemayne de la feste seint Jak [1]. Au queu jour les
ditz ercevesk e eveskes vindrent à Waltham ; e le ditz
contes ne vindrent mye, mes enveyerent iloeqes mons.
Roberd le fiz Roger e mons. Johan de Segrave chivaliers,
qui distrent de par les contes qu'il n'y purroyent venir
adunk par aucunes resuns. E pus, a la priere des dits prelatz e des ditz chevalers qui viendrent au Roy a Seynt Auban
le dimaynche [2] procheynement suant, le Roy graunta sauf
conduyt as ditz contes e en baylla ses lettres a ditz chivalers
contenentz suffisent terme denz lequel les ditz contes peussent sauvement e sur sun conduyt venir au Roy e demorer
e returner ; e ovesques celes lettres se departirent les ditz
chevalers du Roy a cele foiz ; mes unques puis les contes au
Roy ne vindrent ne enveyerent, ne uncore ne venent ne
enveyent, que le Roy sache.

Ore puit estre qe aucunes gentz unt fait entendant au
pueple qe les contes mustrerent au Roy certeins articles pur
le commun profit du pueple e du reaume, e qe le Roy les
deveit aver refusé e escundit tot outre ; de quey le Roy ne
set reiens [3], kar riens ne lui mustrerent ne ne firent mus-
trer, ne ne seit pur quey il se retrestrent, entz entendi de
jour en jour qu'il venissent a lui.

Entre les queus articles contenu est, a ceo qe hom dit, de
acunes grevauncos que le Roy ad fait en son reaume, les
queles il coneyt bien, com des aydes qu'il ad demandé

---

1. Vendredi 26 juillet.
2. Le texte publié dans Rymer porte : *demayng*. Nous avons adopté la
leçon fournie par la copie de Cantorbéry. Il y a *demegnye*, dans Cotton. Ce
dimanche est le 28 juillet.
3. Le texte imprimé dans Rymer porte : *rejus*; la copie de Cantorbéry :
riens.

soventfoez de ses gentz, laquele chose lui ad convenu fere
par encheison de guerres qui lui unt esté meues [1] en Gas-
coyne, en Gales, e en Escoce e ayllurs, des queles il ne
poeyt lui ne son reaume defendre saunz eyde de ses bones
gentz; dunt il lui poyse mult qu'il les ad taunt grevez e
taunt travaillez, e leur prie qu'il lui en voyllent avoir pur
escusé, com celui que ad les choses mises, ne mye pur acha-
ter terres, ne tenementz, ne chasteus, ne viles, mes pur
defendre lui e eux meismes e tut le reaume. E si Dieu luy
doynt jammes [2] returner du veyage qu'il fait ore [3], il voet
bien que tuz sachent q'il ad volenté e graunt desir de
l'amender bonement à la volenté de Dieu e au gré de sun
peuple, taunt avant cum il devera. E s'il avenist q'il ne
returnast mye, il bye ordener que son heir le fera ausi com
s'il meismes returnast, de ceo que fera amender, car il seit
bien que nul n'est taunt tenuz au reaume ne de amer les
bone [4] gentz de sa terre com il meismes. D'autre part, puys
qu'il ont enpris [5] de passer la outre pur eyder le conte de
Flandres qui est son aliez, e nomement pur mettre en la
busoygne de lui e de sun reaume tele fin com Dieu vodra
(kar meuz vaut de mettre fyn en la busoygne au plus tost
qe hom purra qe de languyr ensi longement) les graunt
seygneurs qui nadguers furent a Londres ove lui, pur ceo
qe il virent bien qu'il ne poait ne se puit si graunt chose
pursuier ne maintenir du sien [6] e qe le veyage est si hastif
pur le graunt peril en quey les amys le Roy de dela sont,
par lesqueus, s'il pardissent, le reaume purrait cheyir en
graunt peril apres, qui Dieu defende; e pur aver le confermement de la graunt chartre des fraunchises d'Engleterre
e de la chartre de la forest, lequeu confermement le Roy
leur ad graunté bonement, si li graunterent un commun

---

1. Le texte de Rymer porte : *menes*.
2. Dans Rymer, il y a seulement : *ames*.
3. On lit dans Rymer : *qu'il fait, ceo il voet bien*. Nous avons reproduit la leçon de la copie de Cantorbéry.
4. Ajouté dans la copie de Cantorbéry.
5. Rymer : *ensuis*.
6. Rymer : *soin*.

doun tel com lui est mult besoygnable ou poynt de ore.
Dunt il prie a tutes les bones gentz e a tut le puple de son
reaume, qui unques ne lui faillerent, qe cest doun ne leur
ennoye[1] mye, e puis qu'il veient bien qu'il ne esparnye son
cors ne ceo q'il ad pur alleger eux e ly de grauntz suf-
freytes qu'il unt suffert e suffrent uncore a graunt meschief
de jour en autre, e puis qu'il seyvent ausint qe la bosoygne
est plus graunde qu'ele ne estoit unqes mes a nul jour. E
pur ceo que par cest aler avendra, si Dieu plest, bone pees
e pardurable, par unt chescun se deit meyns tenir agrevez
de ceste doun, e par quay il purrount estre le plus tost deli-
vrés des angusses e de travaus qu'il unt e unt eu avant ceste
houre.

E si nuls feissent entendauntz avaunt le pays que le Roy
eust refusé articles ou autre chose contre le commun profit
du reaume pur son puple honir[2] e destrure, ou qu'il eust
autrement overé[3] envers les contes qe en la manere desus-
dite, il prie qe hom ne lui crey mie, kar ceo est le droit
processe e tute la verité coment les choses sunt ales jeskes[4]
a ore. E se avise chescun coment graunt descord ad esté
autre foiz en cest roiaume par iceles paroles entre le seigneur e ses gentz de une part a d'autre e les damages qe
en sunt avenuz. Et si hom crust[5] ore cestes autrement que
eles ne sunt, purroit avenir qe ryote en surdroit, laquele
serroit plus perillouse e plus greve que n'estoit unqes mes[6]
nule en ceste terre. E sunt escumengez tuz iceux qui
troblent la pees de cest reaume en quele manere que ceo
seit, e tuz iceus qui as turbeurs en argent ou en chivaus ou
en armes ou autrement donnent[7] ou funt eyde ou favour
privement ou apertement, de quelque condition ou estat
qu'il soyent, de la quele sentence d'escumenge nuls ne

---

1. Il y a dans Rymer : *envoye*, faute qu'on retrouve dans Cotton.
2. Rymer : *houir*.
3. Rymer : *onere*.
4. Rymer : *deskes*.
5. Rymer : *trust*.
6. Rymer : *nies*.
7. Rymer : *deuvent*, faute reproduite dans Cotton.

puyt estre asouz sauntz especial comaundment de l'apos-
toyl, forsqe en article de mort, si come pert par une bulle qe
le Roy ad du temps le pape Clement, laquele graunt partie
des prelatz e des autres grauntz seignurs de ceste terre unt
bien entenduz[1]. Par quey il est mestier que chescun s'en
gard. E pri le Roy tutes les bones gentz de son reaume que
pur ceo qu'il, a l'honur de Dieu e de lui e de eux e du
reaume, e pur pardurable pees, e pur mettre en bon estat
son reaume, ad enpris cest veyage a fere e il ad graunt
afiance que les bones prieres de ses bones gentz lui purrunt
mult aider e valer a mettre ceste busoygne a bone fyn, qu'il
voillent prier et fere prier ententivement pur lui e pur
ceux qui ovesk lui vunt.

En tesmoigne, etc. Donez a Odymere le .xii. jour de
aust.

(*Auteles lettres sount envoiés a touz les viscontes de
Engleterre.*)

---

1. Bulle de Clément IV (Gui Foucod), pape de 1266 à 1268, datée du
15 septembre 1266 (Potthast, *Regesta*, n° 19810 et Rymer, à la date). On
y lit : « Olim, dum essemus in minori officio constituti..... in quemdam
Symonem de Montoforti... ac omnes turbatores ipsius regni..... excommunicationis sententiam duximus proferendam. Quia vero regni ejusdem statum
pacificum et quietum plenis desideriis affectamus,..... nos, hujusmodi sententiam inviolabiliter observari volentes, in omnes illos qui secus egerint..... de
novo similem excommunicationis sententiam promulgamus, a qua eos sine
speciali mendato sedis apostolice, nisi forsan in mortis articulo, prohibemus
absolvi..... » La Bulle d'excommunication lancée par Gui Foucod, alors qu'il
était légat du Saint Siège en Angleterre (dum essemus in minori officio
constituti), est du 20 octobre 1264 (voy. Rymer, à la date), dix-huit jours
après la mort d'Urbain IV.

NOTES BIOGRAPHIQUES.

Honfroi VII de Bohon, comte de Hereford et grand connétable d'Angleterre après son aïeul Honfroi V mort en 1274. Il avait, en 1289, pris les armes
contre le comte de Gloucester, et l'on avait eu de la peine à le faire rester
en paix. Au moment où il se mit à la tête de l'opposition contre Édouard I,
il revenait d'accompagner le jeune comte de Hollande, époux d'Elisabeth,
fille d'Edouard I. Il mourut peu après la bataille de Falkirk, le 31 déc. 1298.
Roger Bigot, cinquième comte de Norfolk et maréchal d'Angleterre (1245-
1306), était fils de Hugues, grand juge d'Angleterre de 1258 à 1260, puis
ennemi de Simon de Montfort et mort en 1266; il succéda à son oncle Roger
(fils du comte Hugues mort en 1225) qui était resté jusqu'au bout fidèle à
Simon de Montfort et était mort en 1270. Après les événements de 1297-
1301, il se réconcilia avec le roi; mais, comme il n'avait pas de postérité
directe, il lui rendit la verge de maréchal, puis lui abandonna son titre et
ses biens. Il mourut le 7 décembre 1306.

Jean de Segrave avait 39 ans à la mort de son père Nicolas (1295). L'année suivante il fut nommé, par Édouard I, connétable de l'armée d'Écosse; mais, en 1297, il entra en étroites relations féodales avec Roger Bigot qu'il s'engagea à servir toute sa vie, en temps de paix et en guerre, avec six chevaliers, en Angleterre, en Galles et en Écosse. Il prit part à la bataille de Falkirk, au siège de Caerlaverok, à la bataille de Bannockburn où il fut pris. Il alla mourir disgracié en Gascogne, suspect d'avoir, avec son fils Étienne, laissé échapper Roger Mortimer de la Tour de Londres (1323).

Robert Esturmy appartient à une famille de fonctionnaires royaux qui n'a pas de généalogie dans le *Baronage*. On a peu de renseignements sur son compte.

Geofroi de Joinville était frère cadet du célèbre sénéchal de Champagne, l'historien de saint Louis. Ce dernier étant né en 1224, Geofroi naquit au plus tôt en 1225. Il eut en partage la seigneurie de Vaucouleurs et épousa (avant 1252) Mathilde de Lacy, héritière du comté de Meath en Irlande. Il figure dans la conquête du pays de Galles en 1282, puis dans les guerres de Gascogne. Il fut régulièrement semons aux Parlements d'Édouard I, depuis 1299, en qualité de baron. Il se fit moine à la fin de sa vie, et mourut en 1308-1309. L'origine champenoise de ce personnage est établie par Simonnet : *Essai sur l'histoire et la généalogie des sires de Joinville* (Langres, 1877) et par un article de M. d'Arbois de Jubainville, dans la *Biblioth. de l'Éc. des Chartres*, 1885, p. 342. Cf. même vol., p. 722. Dugdale en parle au mot : Geneville.

Thomas II de Berkley, fils de Maurice qui mourut en 1281. Il fut, en 1296, un des commissaires chargés de négocier la paix entre les rois de France et d'Angleterre. L'année suivante, il fut connétable de l'armée de Flandre sous le roi. Il prit une part très active aux guerres d'Écosse et fut pris à Bannockburn. Il prit part au soulèvement de Thomas de Lancastre, en 1322, et mourut la même année.

Jean de Tregoz, fils de Robert III qui fut tué à Evesham dans les rangs des Barons. Il fut très en faveur auprès d'Édouard I et prit part aux expéditions de Gascogne (1294) et d'Écosse (1297-98); il mourut le 21 juillet 1300.

Roger le Brabaxon, un des juges royaux les plus en vue pendant le règne d'Édouard I ; ce sont en grande partie ses décisions qui firent triompher les prétentions de ce roi sur la couronne d'Écosse. Il devint chef-juge des Plaids communs, en 1295, et fut maintenu dans ces fonctions jusqu'à sa retraite, en 1316. En 1297, il fut membre du conseil chargé de diriger le jeune Édouard pendant l'absence de son père. Il survécut un an seulement à sa retraite et mourut en 1317.

Guillaume de Bereford, juge au Banc du roi et membre du conseil du jeune Édouard en 1297. Il succéda à Raoul de Hengham comme chef-juge de ce Banc, en 1309, et mourut en 1326.

XII. — PÉTITION

CONCERNANT LE VOTE DE LA TAILLE ROYALE PAR LE PARLEMENT

(Octobre 1297.)

Cette pièce est désignée d'ordinaire par le titre de *Statutum de tallagio non concedendo*, qu'elle porte dans les ancien recueils manuscrits de statuts, bien qu'elle ne mérite sans doute pas ce nom. En effet, quoi que dise la formule par laquelle commence l'article 7, elle ne semble pas avoir jamais été rédigée sous la forme d'une charte royale munie du grand sceau, ni transcrite sur les rôles des archives; enfin elle n'est pas datée. C'est au XVIIe siècle qu'elle a été le plus vivement discutée; sa valeur légale comme statut a été officiellement proclamée en 1628 par le Parlement (dans la *Petition of right*) et admise en 1637 par les juges de la couronne eux-mêmes; mais ces décisions n'ont pas vaincu les scrupules des historiens.

En réalité, comme on l'a déjà montré dans l'Introduction, cette pièce est simplement une pétition présentée au prince Édouard et au conseil royal dans le Parlement assemblé à Londres, le 30 septembre 1297. Le témoignage du chroniqueur Barthélemy de Cotton (édit. Luard), p. 337, est formel. Comme elle n'est pas datée, on l'a souvent transcrite, dans les anciens recueils de statuts, à la fin du règne d'Édouard I, parmi les documents sans date certaine, et c'est pourquoi, sans doute, Coke et bien d'autres après lui l'ont placée en la 34e année de ce règne (1305-1306), sans tenir compte de Barthélemy de Cotton, sans même remarquer que l'acte mentionne Honfroi de Bohon, comte de Hereford et connétable, qui mourut le 31 décembre 1298. Quant à sa valeur intrinsèque, il faut remarquer que les articles de ce prétendu statut, approuvés, nous dit Cotton, par le prince Édouard et par le Conseil royal, ont passé pour la plupart dans la *Confirmatio Cartarum* accordée par le prince le 10 octobre et confirmée par le roi le 5 novembre. Donc, alors même qu'on dénie toute authenticité au *Statutum de Tallagio non concedendo*, il faut admettre que ses dispositions méritaient d'être insérées parmi les lois constitutionnelles du royaume. Il avait sa place marquée dans notre recueil, et à cause de sa valeur propre, et à cause des longues et ardentes polémiques dont il a été l'objet.

Le texte du « statut » nous a été conservé exclusivement par les chroniqueurs : Gautier de Hemingburgh, II, 152, Cnitthon, I, 390, etc. Il a été imprimé dans les *Statutes of the realm*, I, 125, d'après le ms. du collège de Corpus Christi à Cambridge, n° 377, qui est un recueil de statuts écrits au xive siècle. Blackstone a publié notre « statut », p. lxv, d'après la chronique de Hemingburgh. Nous avons reproduit son texte, qui nous a paru préférable à celui des *Statutes*. Cf. Stubbs, *Select charters*, p. 497 ; et *Constit. hist.* II, 142.

(Statutum de tallagio non concedendo)
Articuli inserti in Magna Carta[1].

1. Nullum tallagium vel auxilium per nos vel heredes nostros de cetero in regno nostro imponatur seu levetur sine voluntate et assensu communi archiepiscoporum, episcoporum et aliorum prelatorum, comitum, baronum, militum, burgensium et aliorum liberorum hominum in regno nostro[2].

2. Nullus minister noster vel heredum nostrorum capiat blada, lanas, coria aut aliqua alia bona cujuscunque, sine voluntate et assensu illius cujus fuerint hujusmodi bona.

3. Nichil capiatur de cetero, nomine vel occasione male · tolte, de sacco lane.

4. Volumus eciam et concedimus pro nobis et heredibus nostris quod omnes clerici et layci de regno nostro habeant omnes leges, libertates et liberas consuetudines suas, ita libere et integre sicut eas aliquo tempore plenius et melius

------

1. Ce titre est fourni par Gautier de Hemingburgh.
2. Dans l'édition des *Statutes*, cet article se lit ainsi : Nullum tallagium vel auxilium per nos vel heredes nostros in regno nostro ponatur seu levetur, sive voluntate et assensu tocius (*sic*), archiepiscoporum, episcorum, comitum, baronum, etc. Nous donnons cette variante uniquement pour montrer que le texte du chroniqueur est préférable.

habere consueverunt; et si contra illas vel quemcunque articulum in presenti carta contentum statuta fuerint edita per nos vel per antecessores nostros, vel consuetudines introducte, volumus et concedimus quod hujusmodi consuetudines et statuta vacua et nulla sint in perpetuum.

5. Remisimus eciam Humfrido de Bown comiti Herefordie et Essexie, constabulario Anglie, Rogero Bygot comiti Norffolcie, marescallo Anglie, et aliis comitibus, baronibus, militibus, armigeris, Johanni de Ferrariis ac omnibus aliis de eorum societate, confederacione et concordia existentibus, necnon omnibus viginti libratas terre tenentibus in regno nostro, sive de nobis in capite, sive de alio quocunque qui ad transfretandum nobiscum in Flandriam certo die notato vocati fuerunt et non venerunt, rancorem nostrum et malam voluntatem quam ex causis predictis erga eos habuimus; et eciam transgressiones, si quas nobis vel nostris fecerint usque ad presentis carte confeccionem.

6. Et ad majorem hujus rei securitatem, volumus et concedimus pro nobis et heredibus nostris quod omnes archiepiscopi et episcopi Anglie in perpetuum in suis cathedralibus ecclesiis, habita presenti carta et lecta, excommunicent publice, et in singulis parochialibus ecclesiis suarum diocesum excommunicare seu excommunicatos denunciare faciant bis in anno omnes qui contra tenorem presentis carte vim et affectum in quocunque articulo scienter fecerint aut fieri procuraverint quoquomodo.

7. In cujus rei testimonium presenti carte sigillum nostrum est appensum una cum sigillis archiepiscoporum, episcoporum, comitum, baronum et aliorum qui sponte juraverunt quod tenorem presentis carte, quatenus in eis est, in omnibus et singulis articulis observabunt et ad ejus observacionem consilium suum et auxilium fidele prestabunt in perpetuum.

XIII. — *INSPEXIMUS*

DE LA GRANDE CHARTE DE HENRI III (1225), PAR ÉDOUARD Ier.

(12 octobre 1297 et 28 mars 1300.)

De l'*Inspeximus* de 1297, il existe un original scellé aux archives municipales de Londres (Guildhall); au bas et à la marge de gauche est cousue une cédule en parchemin portant l'ordre du roi aux shériffs de faire publier et observer la Grande Charte. C'est cet original qui a été reproduit dans l'édition des *Statutes of the realm*, avec un fac-similé gravé du commencement et de la fin de l'acte; c'est lui aussi que nous avons suivi. De cet *Inspeximus*, Blackstone cite seulement une copie authentique dans le « Statute roll » d'Édouard I (anno 25°, m. 39). De l'*Inspeximus* de 1300, au contraire, il mentionne trois originaux conservés à Durham, au collège d'Oriel (Oxford) et aux archives collégiales de Westminster. Il leur a comparé une transcription officielle dans le « Livre rouge de l'Échiquier ». En même temps que la Grande Charte, celle de la Forêt a été aussi rééditée et confirmée par Édouard I. De l'*Inspeximus* du 28 mars 1300, il y a deux originaux, l'un à Durham et l'autre au collège d'Oriel à Oxford. Blackstone en a donné les variantes dans son édition.

Edwardus, Dei gratia rex Anglie, dominus Hybernie et dux Aquitanie, omnibus ad quos presentes littere pervenerint, salutem. Inspeximus magnam cartam domini Henrici quondam regis Anglie patris nostri de libertatibus Anglie in hec verba.

Suit le texte de la Grande Charte de Henri III en 1225, avec les variantes que nous avons données plus haut. L'*Inspeximus* se termine ainsi :

Nos autem donationes et concessiones predictas ratas

habentes et gratas, eas pro nobis et heredibus nostris concedimus et confirmamus, easque tenore presentium innova-
mus, volentes et concedentes pro nobis et heredibus nostris
quod carta predicta in omnibus et singulis suis articulis
imperpetuum firmiter et inviolabiliter observetur, etiam si
aliqui articuli in eadem carta contenti hucusque forsitan
non fuerint observati. In cujus rei testimonium has litteras
nostras fieri fecimus patentes. Teste Edwardo filio nostro
apud Westmonasterium duodecimo die octobris anno regni
nostri vicesimo quinto.

Après les mots : *non fuerint observati*, l'*Inspeximus* de 1300
continue et termine dans les termes suivants :

Hiis testibus venerabilibus patribus Roberto Cantuariensi
archiepiscopo, totius Anglie primate, Antonio Donelmensi,
Ricardo Londoniensi, Ranulfo Elyensi, Thoma Exoniensi,
Waltero Coventriensi et Lychefeldiensi, Simone Saris-
beriensi J. (*sic*) Roffensi, Johanne Norwicensi et Johanne
Landavensi episcopis, Johanne Lincolniensi electo, Johanne
de Warenna comite Surreie, Thoma comite Lancastrie,
Rogero le Bygod comite Norffolcie et marescallo Anglie,
Henrico de Lacy comite Lincolnie, Radulpho de Monte
Hermer comite Gloucestrie et Hertfordie, Humfrido de
Bohun comite Herefordie et Essexie, Guydone de Bello-
campo comite Warrwick, Ricardo filio Alani comite Arun-
dellie, Reginaldo de Grey, Johanne de Hastinges, Henrico
de Percy, Hugone le Despenser, Hugone de Veer, Roberto
de Tateshall, Hugone Bardolf, Hugone de Curteney,
Johanne de Segrave, Henrico de Grey, Willelmo de Ros
de Helmesleye, Alano La Zusche, Roberto de Tony, Roberto
de Monte alto, Willielmo de Breus, Thoma de Furnivall,
Johanne Engaigne, Petro Corbet, Willielmo de Leyburne,
Willielmo le Latimer, Waltero de Bellocampo senescallo
hospitii nostri, Waltero de Huntercumbe et aliis. Datum
per manum nostram apud Westmonasterium vicesimo
octavo die martii anno regni nostri vicesimo octavo.
(28 mars 1300.)

La cédule en parchemin cousue au bas de l'*Inspeximus* de 1297 contient le mandement suivant :

Edwardus Dei gracia rex Anglie, dominus Hibernie et dux Aquitanie, vicecomitibus Lond[oniarum], salutem. Quia in relevacionem omnium incolarum et populi regni nostri pro nona nobis a laicis de regno nostro in subsidium defensionis ejusdem regni concessa concessimus et confirmavimus pro nobis et heredibus nostris magnam cartam de libertatibus Anglie eamque innovavimus, volentes et concedentes quod carta illa in omnibus et singulis suis articulis firmiter et inviolabiliter observetur, vobis precipimus quod cartam predictam in civitate predicta sine dilacione pupplicari et eam in omnibus et singulis suis articulis, quantum in vobis est, observari faciatis firmiter et teneri. Teste Edwardo filio nostro apud Westmonasterium .xij². die octobris, anno regni nostri vicesimo quinto.

NOTES BIOGRAPHIQUES.

Robert de Winchelsea, archevêque de Cantorbéry (1294-1313). Il joua, à l'égard d'Édouard I, le rôle d'Étienne de Langton à l'égard de Jean sans Terre. Il alla si loin dans son opposition à la politique royale qu'il fut accusé de trahison en 1305 et qu'il dut aller à Rome pour se justifier. Il en revint seulement après la mort d'Édouard I.

Antoine Bek, évêque de Durham (1284-1310). Il était fils de Gautier, baron d'Eresby; il avait accompagné le prince Édouard en Terre Sainte; il servit habilement le roi dans sa diplomatie et dans ses guerres pour la couronne d'Écosse; mais il resta durant toute sa vie attaché au parti aristocratique et après 1298 il se brouilla avec le roi qui le persécuta.

Richard Gravesend, évêque de Londres (1280-1303).

Renouf (ou Ralph) de Walpole, évêque de Norwich (1289-1299), puis d'Ely (1299-1302). Au plus fort de la querelle entre le roi et le clergé, il fut chargé par l'assemblée de Saint-Paul (14 fév. 1297) de conférer avec Édouard I qui l'accueillit très mal. C'est par un acte de la volonté personnelle de Boniface VIII qu'il fut, en 1299, transféré au siège d'Ely, après l'élection contestée de deux candidats : Jean Salmon, prieur d'Ely, et Jean de Langton présenté par le roi. Salmon fut nommé évêque de Norwich à la place de Walpole et le candidat du roi n'eut rien. La famille de Walpole était très puissante dans cette région qu'on appelait alors « l'Île » d'Ely.

Thomas Button, évêque d'Exeter (1292-1307).

Gautier de Langton, évêque de Coventry et de Lichfield (1296-1321). Il était trésorier du royaume et resta un des meilleurs conseillers d'Édouard I, mais il se brouilla de bonne heure avec le prince héritier qui le fit jeter en prison aussitôt après la mort du roi. Pierre de Gaveston le remplaça dans l'office de trésorier.

Simon, évêque de Salisbury (1297-1315). Il était né à Gand, mais il avait été élevé à Londres; il avait le renom d'un habile théologien.

En 1300, l'évêque de Rochester était Thomas de Wouldham (1292-1317); le copie de la Grande Charte publiée dans les *Statutes of the realm* porte cependant (p. 41) : *J. Roff.* ; est-ce une faute d'impression ?

Jean Salmon, nommé évêque de Norwich par Boniface VIII (1299-1325). Bien que préféré au candidat royal, il fut envoyé par Édouard I auprès du pape d'Avignon (1305) et, depuis lors, il s'occupa des affaires politiques plus que de son diocèse. Il fut chancelier en 1320 et mourut au retour d'une ambassade en France.

Jean de Monmouth, évêque de Llandaff (1297-1323).

Jean d'Alderby ne fut consacré évêque de Lincoln que le 12 juin 1300 ; son prédécesseur, Olivier Sutton, était mort le 13 nov. 1299. Il mourut lui-même en 1320.

Jean de Varenne, comte de Surrey depuis 1256 ; il avait épousé une demi-sœur de Henri III, Alice de la Marche, et il avait assisté dans les rangs de l'armée royale aux batailles de Lewes et d'Evesham. C'est lui qui, interrogé par les juges du roi, en vertu du « writ quo warranto », sur l'origine de ses droits féodaux, tira son épée et dit : « ecce warrantum meum. » Il mourut en 1304 après 48 ans de règne. Une de ses filles, Aliénore, épousa Henri de Percy, qui viendra plus loin, et l'autre, Isabelle, Jean de Bailleul (Balliol), roi d'Ecosse. Il perdit son fils unique, Guillaume, tué à 20 ans dans un tournoi à Croydon et eut pour successeur son petit-fils Jean II.

Thomas, comte de Lancastre, de Leicester et de Derby, était fils d'Edmond, le frère d'Édouard I mort en 1296 ; il joua un grand rôle politique sous le règne d'Édouard II son cousin et fut décapité après un soulèvement malheureux en 1322. Comme le comte de Leicester, il fut tenu en son temps pour un « martyr » des libertés anglaises et, comme lui, il faillit devenir un saint.

Henri de Lacy, troisième comte de Lincoln, était, par son père Edmond (mort en 1258), petit-fils de Jean, un des témoins de la Grande Charte de 1225. Il fut très en faveur auprès d'Édouard I qui lui donna les terres de Denbigh en Galles. En 1290, il fut chargé d'une enquête sur de graves malversations dont le Parlement s'était plaint, et s'acquitta de cette mission avec une juste sévérité. Il mourut sans postérité en 1311.

Raoul (ou Ralph) de Monthermer épousa la fille d'Édouard I, Jeanne d'Acre, veuve de Gilbert de Clare, comte de Gloucester et de Hertford, mort en 1296. Du mariage de Jeanne avec Gilbert étaient nés un fils, Gilbert, et trois filles. Gilbert fut tué à la bataille de Stirling (1297). Sa mère porta alors à son second mari, Raoul, le titre de comte de Gloucester et de Hertford, qu'il posséda jusqu'à la mort de Jeanne, en 1307. Raoul avait épousé Jeanne sans le consentement du roi, qui lui pardonna cette alliance en raison de sa fidélité dans les guerres d'Ecosse.

Honfroi VIII de Bohon, quatrième comte de Hereford et d'Essex, fils de Honfroi, connétable d'Angleterre, qui, de concert avec Roger Bigot, mena la résistance contre le roi, en 1297, et qui mourut le 31 déc. 1298. Il épousa Elisabeth, fille d'Édouard I et fut tué à la bataille de Boroughbridge (16 mars 1322), en combattant avec Thomas de Lancastre.

Gui de Beauchamp, second comte de Warwick, succéda à son père Guillaume en 1298 ; il se distingua à la bataille de Falkirk et mourut en 1315, empoisonné, dit-on, en représailles de la part qu'il avait prise au meurtre de Pierre de Gaveston.

Richard Fils-Alan, comte d'Arundel après la mort de son père Jean II (1270), servit le roi dans les guerres d'Ecosse et mourut en 1302. La maison de Fils-Alan hérita le comté d'Arundel après la mort de Hugues d'Aubigny (1243), frère et successeur de Guillaume, morts l'un et l'autre sans héritiers mâles. Une de leurs sœurs, Isabelle, avait épousé Jean Fils-Alan, baron de Clun, à qui elle apporta le comté d'Arundel ; le comté de Sussex passa dans une autre famille.

Renaud de Grey (de Wilton), fils de Jean qui mourut en 1266 ; comme son père, il fut juge de Chester. Sa femme Mathilde lui apporta le château de Wilton du comté de Hereford où fut désormais le siège de sa seigneurie. Il mourut vers 1309.

Jean de Hastings, fils de Henri mort en 1268 après avoir servi le parti de

Simon de Montfort et de Jeanne, qui était fille de Guillaume de Chanteloup. Il fut un des compétiteurs au trône d'Écosse, en 1290, et, vers la fin du règne d'Édouard I, lieutenant du roi en Guyenne. Il mourut en 1313.

Henri de Percy, d'une maison puissante au comté d'York. Il était mineur à la mort de son père et paraît n'avoir été mis en possession des grands biens de sa famille qu'en la 32ᵉ année d'Édouard (1303-1304); il aurait donc eu environ 17 ou 18 ans au moment de la confirmation de la Grande Charte. Il épousa une sœur de Richard Fils-Alan et mourut en 1315.

Hugues Despenser ou le Despenser (Dispensarius), appelé Hugues le Vieux, pour le distinguer de son fils Hugues le Jeune. Le père de Hugues le Vieux avait été tué à Evesham avec les derniers partisans de Simon de Montfort. Lui et son fils devaient jouer auprès d'Édouard II le rôle de premiers ministres et mourir par la corde, haïs de tous, en 1326.

Hugues de Ver était, sans doute, un fils cadet de Robert, cinquième comte d'Oxford, mort en 1296.

Robert de Tatshall (au comté de Lincoln), petit-fils de Robert qui avait été tué à Evesham. Il mourut sans postérité directe en 1303.

Hugues Bardolf, fils et successeur de Guillaume; il mourut en 1304.

Hugues de Courtenay, petit-fils de Robert I qui figure dans la Grande Charte de 1225; il épousa une des filles et héritières de Baudoin, comte de Devon, mort sans descendant mâle en 1262; il obtint d'Édouard III le titre de comte de Devon (1334) et mourut en 1340.

Jean de Segrave, fils de Nicholas qui fut pris à Evesham, mais qui suivit Édouard I en Palestine et qui le servit avec dévouement dans les guerres de Galles et d'Écosse. Jean avait 30 ans à la mort de son père (1295); il commanda l'armée anglaise à Falkirk; plus tard il tomba aux mains des Écossais à Bannockburn. Il fut disgracié pour avoir aidé Roger de Mortimer à s'évader de la Tour, puis exilé par Édouard II en Gascogne, où il mourut (1325).

Henri de Grey (de Codnor), fils de Jean mort en 1272; il mourut lui-même en 1309.

Guillaume de Ross (de Helmsley) fils de Robert III mort en 1285. Il avait 30 ans à la mort de son père; il fut un des prétendants à la couronne d'Écosse en 1290. Il servit Édouard I en Gascogne et surtout en Écosse, et fut lieutenant du roi dans ce dernier pays en 1306. Il mourut en 1317.

Alain de la Zouche (d'Ashby); il avait 18 ans à la mort de son père (1285). Il fut gouverneur du château de Rockingham et mourut en 1313, ne laissant que des filles. Sa baronnie passa alors à Guillaume Mortimer.

Robert de Toni fit hommage, en 1297, des fiefs possédés par son père Raoul. Il servit en Gascogne et en Écosse et mourut en 1310 ne laissant d'autre héritier que sa sœur Alice, mariée trois fois : à Thomas de Leyburne, à Gui de Beauchamp, comte de Warwick, et à Guillaume la Zouche d'Ashby.

Robert de Montalt (ou Montaut), frère et successeur de Roger mort en 1297. Il servit en Gascogne et en Écosse; il mourut sans descendant mâle, en 1330.

Guillaume de Breus, des Braose de Gower en Galles, famille turbulente qui fut toujours en guerre contre les princes gallois ou contre les rois d'Angleterre. Il régna de 1291 à 1332.

Thomas III de Furnival (ou Fournival) souvent employé dans les guerres d'Écosse par Édouard I et Édouard II; il mourut en 1332.

Jean Engaine, fils de Jean mort en 1297. Il servit dans les guerres d'Écosse et mourut, sans descendance directe, en 1322-1323 (16 Edw. I).

Pierre Corbet, fils de Jean, mourut pendant la 28ᵉ année d'Édouard I (20 nov. 1299-19 nov. 1300). Il pouvait donc vivre encore ou être déjà mort le 28 mars 1300, date de notre Inspeximus. Son fils cadet, qui lui succéda, porte aussi le nom de Pierre. Les Corbet, alliés aux barons de Vautort, étaient des seigneurs de la Marche galloise.

Guillaume de Leyburne (ou de Libourne), fils de Roger qui avait porté les armes contre Jean et contre Henri III. Il servit Édouard I dans les guerres de France et d'Écosse et mourut en 1309-1310 (3 Edw., II), laissant pour lui succéder son petit-fils Thomas.

Guillaume le Latimer, un des plus zélés serviteurs de Henri III et d'Édouard I. Il fut, sous le premier, shériff du comté d'York et gouverneur du château d'York ; sa femme Alice lui apporta la seigneurie de Corby, au comté de Northampton où fut désormais le siège de sa seigneurie. Il mourut en 1305.

Gautier de Beauchamp, fils cadet de Guillaume de Beauchamp (d'Elmley), acheta de Renaud Fils-Herbert la moitié de la seigneurie d'Alcester, au comté de Warwick, où il établit sa maison. Il prit la croix en 1269 ; il fut sénéchal de l'hôtel du roi et combattit à Falkirk. Il mourut en 1303.

Gautier de Huntercombe, fils de Guillaume, servit dans les guerres de Galles et d'Écosse et mourut sans postérité directe en 1312-1316 (6 Edw., 1).

XIV. — CONFIRMATION DES CHARTES

(10 octobre et 5 novembre 1297.)

L'original de cette confirmation des chartes par Édouard I
5 nov. 1297) se trouve au British Museum, Cotton Charters,
locul. vii, num. 9. Bien que gâté par l'incendie de 1731, il est
encore lisible; le sceau a disparu. C'est d'après cet original que
Blackstone a donné son édition, p. 80, et que nous établissons
la nôtre. L'acte de confirmation délivré par le prince Édouard
au nom de son père et daté du 10 octobre n'existe pas en original, mais il y en a une expédition authentique transcrite sur le
rôle des statuts d'Édouard I, a° 25°, m. 38. Cette copie a été
reproduite dans l'édition des *Statutes of the realm*, I, p. 123.
L'acte original et la transcription authentique ne présentent que
des variantes orthographiques. Mais, à la fin, au lieu de « Donees
à Gaunt, etc. », la copie du « Statute roll » porte : « Tesmoigne
Edward nostre fitz a Londres, le disme jour de octobre, l'an de
nostre regne vintisme quynt », et ajoute ces lignes : « Et fet a
remembrer qe meisme ceste charte, suth meismes les paroles de
mot en mot, fust selé en Flaundres de suth le grand seal le Rey,
c'est asaver a Gaunt, le quint jour de novembre, l'an del regne
l'avant dit nostre seignur le Rey vintisme quint, e enveé en
Engleterre »

Confirmatio cartarum.

1. Edward par la grace de Dieu, Roy d'Engleterre, sey-
gneur d'Irlaunde e ducs d'Aquitaine, a toutz ceuz qui cestes
presentes lettres verrount ou orrount, saluz. Sachiez nous
a l'honeur de Dieu e de seinte Eglise e a profist de tout
nostre roiaume, avoir graunté pur nous et pur nos heyrs, ke
la graunt chartre des fraunchises et la chartre de la foreste,
les queles feurent faites par commun asent de tout le

roiaume en le temps le Roi Hanry nostre pere, soient tenues en touz leur pointz, saunz nul blemissement. E volums ke meismes celes chartres desouz nostre seal soient envieez a noz justices, ausi bien de la forest sicume as autres, e a touz les viscountes des counteez, e a toutz nos autres ministres e a toutes noz cyteez par my la terre, ensemblement ove nos brefs, en les quieux serra countenu k'il facent les avauntdites chartres puplier, e ke il facent dire au pueple ke nous les avuns grauntées de tenir les en toutz leur pointz; e a nos justices, viscountes e maires e autres ministres, qui la loy de la terre desoutz nous e par nous ount a guier, meismes les chartres en toutz lur pointz en pledz devaunt eaux e en jugementz les facent alower; c'est a savoir la graunt chartre des fraunchises cume loi commune, e la chartre de la forest solounc l'asise de la forest [1], a l'amendement de nostre pueple.

2. E volums ke, si nuls jugementz soient donez deso-remes encountre les pointz des chartres avauntdites par justices e par nos autres ministres qui countre les pointz des chartres tienent pledz devaunt eaux, soient defez e pur nyent tenuz.

3. E voloms ke meismes celes chartres desoutz nostre seal soient envieez as eglises cathedrales parmi nostre roiaume e la demoergent, e soient deus fiez par an lues devaunt le poeple.

4. E ke arceeveesques, evesques, doingnent sentences du graunt escumenger countro touz ceaux qui countre les avauntdites chartres vendrount ou en fait, ou en ayde, ou en consal, ou nul poynt enfreindrent, ou encountre ven-drount; e ke celes sentences soient denunciez e pupliez deux foyz par an par les avantditz prelas; e si meismes les prelas, evesques, ou nul d'eux soient necgligentz a la

1. Il est fait sans doute allusion ici au document intitulé d'ordinaire « Consuetudines et assise foreste ». Dans les *Statutes of the realm*, I, p. 243, il est rangé parmi les statuts sans date certaine, après ceux d'Édouard II. Dans les anciens recueils mss. de statuts, il est placé entre des textes de 1290 à 1291. Manwood le date résolument, mais nous ne savons d'après quelle auto-rité, de la 6e année d'Édouard I (1278). Voy. plus haut, p. 78, art. 5.

denunciaciun susdite faire, par les arcecvesques de Caun-
terbire e de Everwyk, qui pur temps serrount, sicume
covyent, soient repris e destreintz a meismes cele denunciaciun fere en la fourme avauntdite.

5. E pur coe ke aukune gentz de nostre roiaume se
doutent qe les aides e les mises, les queles il nous unt fait
avaunt ces houres pur nos guerres e autres busoignes, de
leur graunt e de leur bone volenté, en quele manere qe fez
soient, peussent tourner en servage a eux et a leur heyrs,
par coe qu'il serroient autrefoytz trovez en roulle, e ausint
prises qe unt esté faites par my le roiaume par nos
ministres en nostre noun, avuns graunté pur nous e pur
nos heyrs, qe mes teles aydes, mises, ne prises, ne trerroms
a coustume, pur nule chose qe soit fayte ou ke par roulle ou
en autre manere pust estre trovée.

6. E ausint avuns graunté pur nous e pur nos heyrs as
arcecvesques, evesques, abbées, priours, e as autre gentz de
seint eglise, e as countes e barouns e a toute la communauté
de la terre, qe mes pur nule busoignie tieu manere des
aydes, mises, ne prises, de nostre roiaume ne prenderons,
fors ke par commun assent de tout le roiaume e a commun
profist de meismes le roiaume, sauve les auncienes aydes e
prises dues e acoustumées.

7. E pur coe ke tout le plus de la communauté del
roiaume se sentent durement grevez de la male toute des
leynes, c'est asaver de chescun sac de leyne quarante sous,
e nous unt prié ke nous les vousissions relesser, nous a leur
priere les avuns pleinement relessé; e avuns graunté que
cele ne autre mes ne prendrons, sauntz leur commun assent
e lur bone volenté; sauve a nous e a nos heyrs la coustume
des leynes, peaux e quirs avaunt grauntez par la communauté du roiaume avauntdit. En tesmoinaunce des quieux
choses nous avuns fait faire cestes nos lettres overtes.
Donées a Gaunt le quint jour de novembre l'an de nostre
regne vintisme quint.

———————

XV

ARTICLES ADDITIONNELS A LA GRANDE CHARTE

(6 mars 1300.)

Ces *Articuli* ont été publiés en partie seulement par Black-stone, pp. LXIX et 83, et en entier dans les *Statutes of the realm*, I, p. 136 « ex Magno rotulo statutorum in Turri Londoniensi, m. 35 » (aujourd'hui *Early chancery roll*, 868). C'est d'après cette dernière édition que nous les donnons ici, après inspection du rôle original. M. Alfred-J. Horwood a analysé, dans le tome VI des *Reports of the R. Commission on historical manuscripts* (p. 344, col. 2), une rédaction de ces *Articuli*, écrite sur un rôle en parchemin conservé aujourd'hui dans la collection de sir A. N. Hood, à Saint-Audries, comté de Somerset. Il a publié les principales variantes fournies par cet exemplaire qui nous est arrivé, d'ailleurs, incomplet et en mauvais état. Ce document, non plus que le *Statutum de tallagio non concedendo*, n'a jamais, à ce qu'il semble, été rédigé sous forme authentique, mais il figure presque dans toutes les anciennes collections de statuts et il n'a point soulevé de controverses.

Articuli super cartas.

Pur ceo qe les poyntz de la grant chartre des franchises et la chartre de la florest, les quieus le Roy Henri, pere le Roi qe ore est, granta a soen poeple pur le pru de soen roiaume, ne unt pas esté tenuz ne gardez avant ces heures, pur ceo qe peyne ne fust avant establie en les trespassours contre les poyntz des chartres avantdites, nostre seigneur le Roi les ad de novel granté, renovelé e confermé ; et, a la

requeste des prelats, contes et barouns en soen parlement a
Westmonster en quaremme, l'an de soen regne vynt et
utisme [1], ad certeine fourme e peyne ordené e establi encontre
tuz iceaus qe contre les poyntz des avantdites chartres ou
nul poynt de eles en nule manere vendront, en la fourme qe
s'ensuit.

1. C'est asavoir qe de ci en avant la grant chartre des
franchises d'Engleterre grantée a tote la commune d'Engleterre e la chartre de la forest en meisme la manere
grantée, soient tenues, gardées e meintenues en chescun
article et chescun poynt, ausi pleynement come le Roy l'ad
granté, renovelé et par sa chartre confermé ; e qe celes
chartres soient baillées a chescun visconte d'Engleterre
desoutz le seal le Roi a lire quatre foiz par an devant le
people en plein conté : c'est asavoir a prochein conté apres
la seint Michel, al prochein conté apres le Noel, al prochain
conté apres la Pasqe et al prochein conté apres la seint
Johan ; et a celes deus chartres en chescun poynt et en
chescun article de eles fermement tenir, ou remedie ne fust
avant par la commune ley, soient eslus en chescun conté,
par la commune de meisme le conté, trois prodes hommes
chivaliers ou autres loiaux sages et avisés, qui soient justices
jurés et assignés par les lettres le Roi overtes de soen grant
seal, de oyr et de terminer, santz autre bref qe leur commun garant, les pleintes qe se ferront de touz iceaus qe
vendront ou mesprendront en nul desditz poyntz des avantdites chartres, es contetz ou il sont assignez, ausi bien
dedenz franchises come dehors, ausi bien des ministres le
Roi hors de leur places come des autres; et les pleintes
oyes de jour en jour santz delay les terminent sanz alluer
les delais qe sont allués par commune ley; et qe meismes
ceaus chivaliers eient poer de punir touz ceaus qe serront
atteintz de trespas fait encontre nul point des chartres

---

1. Les lettres de convocation à ce Parlement sont datées de Berwick, 29
décembre 1299, pour le premier dimanche de Carême (27 février), à Londres.
Voy. les Rapports on the dignity of a peer, III, app., 1, pp. 113-117.

avantdites ou remedie ne fust avant par commune ley, ausi
comme avant est dit, par enprisonement ou par ranceoun ou
par amerciement, selonc ceo qe le trespas le demande. Et
par ceo n'entend pas le Roi, ne nul de ceaux qe fust a cest
ordenement fere, qe les chivaliers avantditz tiegnent nul
play par le poer que doné leur serra, en cas ou avant ces
houres fust remedie purveu solonc la commune ley par bref,
ne qe prejudice en soit fet a la commune ley, ne a les
chartres avantdites en nul de leur poyntz. Et voet le Roi qe,
si touz treis ne soient presentz ou ne purront as totes les
foiz entendre a faire leur office en la fourme avantdite,
qe deus des trois le facent. E ordené est qe les viscontes e
les baillifs le Roi soient entendantz as les comandementz
des avantdites justices, en quant qe apent a leur office; e,
estre cestes choses grantées sur les pointz des chartres
avantdites, le Roi, de sa grace especiale, en aleggeance des
grevances qe soen poeple ad eu par les guerres qe unt esté,
et en amendement de leur estat, e pur taunt q'il soient plus
prestz a soen service e plus volentiers aidantz quant il en
avera afere, ad granté ascuns articles, les quieus il entent
qui tendront ausi grant lieu a son poeple et ausi grant profist ferront, ou plus, qe les pointz avant grantés.

2. Emprimechief, pur ceo qe une grant grevance est en
cest roiaume e damage sanz noumbre de ceo qe le Roi et
ses ministres de sa meignée, ausi bien les aliens com les
denzeyns, fount leur prises la ou il passent parmi le roiaume
et prenent les biens de gentz, des clers e des lays, sanz rien
paer, ou bien meins qe la value, ordené est qe, de ci en
avant, nul ne preigne prises parmi le roiaume, fors qe les
prenours le Roi e ses purveours pur l'ostel le Roi; et
qe ceus prenours le Roi e purveours pur soen hostel ne
preignent riens fors qe pur meisme l'ostel; e, des prises
qu'il ferront parmi les pais, de manger ou de boyvre et autres
menuz necessaries pur l'ostel, q'il facent la paye ou gré a
ceus des queus les choses serront prises; e qe touz tieus
prenours le Roi, purveours ou achatours, eient de ci en
avant leur garant ovesqes eus, du grant seal ou du petit

seal le Roi, contenant leur poer et les choses dount il
frount prises ou purveaunce, lequel garant il mustreront as
ceus des quieus il frount la prise, avant ceo q'il en preignent
rien. E qe ceus prenours, purveours ou achatours le Roi,
ne preignent plus qe busoigne et mester ne seit pur le Roi
et soen hostel e de ses enfautz, e qe riens ne preignent pur
ceus qe sont a gages ne pur nul autre, e q'il respoignent en
l'ostel et en la garderobe pleinement des totes leur prises,
sanz fere ailleours leur largesces ou liverées de chose qe
pur le Roi soit prise. E si nul prenour de l'hostel le Roi, par
garant q'il eit, face prises ou liverées en autre manere qe
desus n'est dit, par pleinte fete al seneschal et al tresourer
de l'hostel le Roi soit la verité enquise; e si de ceo soit
atteint, soit gré meintenant fait au pleintif, et soit hosté du
service le Roi pur touz jours et demoerge en prison a la
volenté le Roi; e si nul face prises santz garant e l'emport
encountre la volunté de celui a qui les biens sont, soit
meintenant arestu par la ville ou la prise serra fete, et mené
a la procheine gaole; e si de ceo soit atteint, soit la fait de
lui come de larroun, si la quantité des biens le demande. E
quant as prises fere en feires et en bones villes et portz pur
la grant garderobe le Roi, eient les prenours leur commun
garant par le grant seal, e des choses q'il prendront eient la
testmoignance du seal du gardein de la garderobe; et des
choses issint par eus prises de noumbre, de quantité et de
la value, soit faite dividende entre les prenours et les gardeins des feires, meire ou chiefs baillifs des villes et portz,
par la veue des marchantz desquieus les biens serrout
issint pris; e riens ne lui soit suffert de plus prendre q'il
ne mette en dividende; e cele dividende soit porté en garderobe desutz le seal le gardein, meire ou chief baillif avantditz, e lenz demoerge tanqe sur l'aconte du garderober le
Roi; e s'il soit trové qe nul eit autrement pris que fere ne
devernoit, soit puny sur l'aconte par le gardein de la garderobe le Roi solom sa deserte; e si nul face tieus prises sanz
garant, et sur ceo soit atteint, soit fait de lui come de ceus
qe fount prises pur l'hostel le Roi sanz garant, come desus

est dit. E ne entend mie le Roi ne soen consail qe, par cest estatut, riens descresse au Roi de soen droit des auncienes prises dues et acustumés, come des vyns et autres biens, mes qe en touz pointz pleinement lui soit sauvé.

3. De l'estat du seneschal e des marchals, et des plez qe eus deivent tenir et coment, ordené est qe desoremes ne tiegnent plai de franc tenement, ne de dette, ne de covenant, ne de contract de gentz du pueple, fors tant sulement des trespas de l'ostel et autres trepas faitz dedenz la verge, et de contractz et convenantz qe ascun de l'ostel le Roi avera fait a autre de meisme l'ostel e en meisme l'ostel, et ne mie aillours; e nul plai de trespas ne pledront autre qe ne soit attaché par eus, avant ceo qe le Roi isse hors de la verge ou le trespas serra fait, et les pledera hastivement de jour en jour, issint q'il soient parpledez e terminés avant ceo qe le Roi isse hors des bundes de cele verge ou le trespas fut fait; e si, par cas, dedenz les bundes de cele verge ne poent estre terminés, cessent ceus plais devant le seneschal, et soient les pleintifs a la commune lei; ne desoremes ne preigne le seneschal conisances des dettes ne d'autre chose, fors qe des gentz de l'hostel avantdit; ne nul autre plai ne tiegnent par obligacion faite a la destresce du seneschal e des mareschaus; e, si le seneschal ou les mareschaus rien facent countre cest ordenement, soit leur fet tenu pur nul. E pur ceo qe devant ces houres moutz des felonies fetes dedenz la verge unt esté despunies, pur ceo qe les coroners des pais ne se sont pas entremis d'enquerre de tieus maneres des felonies dedenz la verge, mes le coroner de l'ostel le Roi qui est passant, de qui issue ne ad mie esté fete en due manere, ne les felons mis en exigendes ne utlaghés, ne rien de ceo presenté en eire, qe ad esté a grant damage du Roi e a meins bone garde de sa pees, ordené est qe desoremes, en cas de mort de homme ou office de coroner apent as vewes et enquestes de ceo fere, soit mandé le coroner du pais qui ensemblement ove le coroner de l'hostel face l'office qe i apent et le mette en roulle. E ceo qe ne porra mie devant le seneschal estre terminé par ceo qe

les felons ne i porront estre attachetz, ou par autre encheson, demoerge a la commune lei, issint qe les exigendes, utla-gheries et presentementz en eire soient de ceo fetz par le coroner du pais, ausint come des autres felonies fetes dehors la verge; mes pur ceo ne soit lessé qe les attachementz ne soient fetz freschement sur les felonies faites.

4. Estre ceo, nul commun plai ne seit desoremes tenu a l'escheqer countre la fourme de la grant chartre.

5. D'autre part le Roi voet qe la chauncelerie et les justices de soen banc lui suient, issint q'il eit touz jours pres de lui ascuns sages de la lei qui sachent les busoignes qe viegnent a la curt duement deliverer a totes les foiz qe mester serra.

6. Desutz le petit seal ne isse desoremes nul bref qe touche la commune lei.

7. Le conestable du chastel de Dovere ne plede desoremes a la porte du chastel nul plai forein du conté qe ne tuche la garde du chastel; ledit conestable ne destreigne les gentz de Cinks Portz a pleder aillours ne en autre manere q'il ne deyvent, solonc la fourme des chartres q'il unt des Rois de leur franchises aunciennes afermées par la grant chartre.

8. Le Roi ad granté a son poeple q'il eient esleccion de leur viscontes en chescun comté ou visconte ne est mie de fee, s'il voelent.

9. Le Roi voet et comande qe nul visconte ne baillif ne mette en enquestes ne en jurées plus des genz ne autres, ne en autre manere q'il n'est ordené par estatut, et q'il mettent en teles enquestes et jurées les plus procheins, plus suffisantz et meins suspecenous; e qi autrement le fra et de ceo soit atteint, rende au pleintif ses damages au duble, et soit en la greve merci le Roi.

10. Endroit des conspiratours, faus enfourmours et mauveis procureours des duzeines, enquestes, assises et jurées,

le Roi ad ordené remedie as pleintifs par bref de la chan-
celerie; et jadumeins voet qe ses justices de l'un banc et de
l'autre, et justices as assises prendre assignés, quant il
viegnent en pais a fere leur office de ceo, facent leur
enquestes a chescuny pleinte, santz bref et santz delai, et
facent droit as pleintifs.

11. Derechief, pur ceo qe le Roi avoit avant ordiné par
estatut qe nul de ses ministres ne preist nul plai a cham-
part[1], et par cel estatut autres qe ministres ne estoient pas
avant ces houres a ceo lieez, voet le Roi qe nul ministre ne
nul autre, pur part aver de chose qe est en plai, enpreigne
les busoignes qe sont en plai, ne nul sur tieu covenant soen
droit ne lesse a autri; e si nul ne le fet et de ceo soit
atteint, soit forfet et encoru devers le Roi des biens ou de
terres l'emprenour la value d'autant come sa partie de son
purchaz par tele enprise amontera. E a ceo atteindre soit
resceu celui qui suire vodra pur le Roi devant les justices
devant quieus le plai avera esté, et par eus soit le agard fet;
mes en ceo cas ne est mie a entendre qe homme ne puet
aver consail des contours et des sages gentz pur du soen
donant, ne de ses parentz et ses procheins.

12. Derechief voet le Roi qe destresces qe sont a fere pur
sa dette ne soient fetz par bestes des carues, tant come hom
puet autre trover, solunc ceo qe ordené est aillours par
estatut[2] ove la peine, etc. E ne voet qe trop grive destresce

---

1. Premier statut de Westminster (1275), art. 24 : « Nul ministre le Rey
ne mainteingne, par lui ne par autre, les plez, paroles ou busoignes qe sont
en la court le Rey, de terres, tenemens ou de autre chose, por aver part de
ceo, ou autre profit par covenant fet entre eaus ; e qe le fra, seit puni a la
volenté le Rey. » Statut de Winchester (1285), art 49 : « Chaunceler, tresorer,
ne justice, ne nul de consayl le Roy, ne clerk de la chauncelerie, de l'Esche-
ker, ne de justice, ne autre ministre, ne nul de l'hostel le Roy, clerk ou lay,
ne puisse receivre eglise ne avoeson de eglise, ne terre, ne tenement, ne fee,
ne par doun, ne par achat, ne a ferme, ne a chaumpart, ne en autre manere,
taunt come la chose est en plee devaunt nous ou devaunt nul de noz
ministres. » Stat. of the realm. I, 33, 93.

2. Peut-être est-il fait allusion ici à un statut de date incertaine concernant
l'Échiquier. A l'art. 13 intitulé « Districtiones de Scaccario », on lit : « Unkore
est porveu ke nul houme de religion ne autre, ne seit destreint par ces bestes
ke gaignent sa terre, ne par ces herbis, por la dette le Roi, ne por la dette
d'autri, ne por autre encheson, ne par les baillifs le Rey, ne par autre home,
taunt come l'em treove autre destresce e autre chateus soffisauns... » Stat
of the rea..... I, 177. Comp. la Grande Charte de Henri III. chap. 8.

soit prise pur sa dette, ne trop loinz mené; et si le dettour pusse trover suffisaunte et covenable seurté jesques a un jour deinz le jour le visconte, dedenz lequel homme en pusse purchaser remedie ou fere gré de la demande, soit la destresce relessée endementers; e qui autrement fra, soit grevement puny.

13. E pur ceo qe le Roi ad granté la esleccion de visconte a eus des contez, voet le Roi q'il eslisent tieu visconte qe ne les charge mie, ne ne mette nul ministre en baillie pur lower ne pur doun, et tieus qe ne se herbergent mie trop sovent en un lieu, ne sur les poveres, ne sur les religions.

14. Derechief, qe les baillifs et les hundredz du Roi ne des autres grantz seignurs de la terre ne soient lessés a trop grant summe a ferme, par quei le poeple soit grevé ne chargé par contribucions fere a teles fermes.

15. En somonses e en attachementz en plai de terre, desoremes contiegne la somonse et l'atachement le terme de .xv. jours a tot le meins, solenc la commune lei, s'il ne seit en attachement des assises prendre en presence le Roi, ou des ples devant justices en eire durand l'eire.

16. Soit fet de eus qe font faus retourns au mandement le Roi, par quei dreiture est delaié, ausi come ordené est en le secund estatut de Westmonster, ove la peine [1].

17. E pur ceo qe moutz des meffesours sont en la terre plus que mes ne soleient, et roberies, arsuns et homicides fetes sanz nombre, et la pees meins bien gardée, pur ceo qe

---

1. Second statut de Westminster (28 juin 1285) art. 39 : « Quia justiciarii, ad quos officium spectat unicuique coram eis placitante justicium exhibere, frequencius impediuntur quominus officium suum debito modo exequi possent, per hoc quod vicecomites brevia originalia et judicialia non returnant, per hoc eciam quod ad brevia Regis falsum returnant responsum, providit dominus Rex et ordinavit quod illi qui timent malitiam vicecomitum liberent brevia sua originalia et judicialia in pleno comitatu... » Si les sheriffs refusent d'obéir aux prescriptions que cet article leur enjoint, ils seront passibles de dommages et intérêts : « adjudicentur petenti vel querenti dampna, habito respectu ad quantitatem et qualitatem accionis et ad periculum quod ei evenire posset per dilacionem quam patiebatur. » Stat. of the realm, I, p. 93.

l'estatut qe le Roi fist feire nad gueres à Wyncestre[1] n'ad pas esté tenu, voet le Roi qe cel estatut soit de novel envoié en chescun conté, et leu et pupplié quatre foitz par an, ausi come les deus grantz chartres, et fermement gardé en chescun point, sur les peines qe lenz sont assises; e, a cel estatut garder et meintenir, soient chargez les trois chivalers qui sont assignez parmi les contez pur adrescer les choses fetes contre les grants chartres; et de ceo eient garant.

18. En droit des wastz et destruccions fetz en gardes par eschetour et sutheschetour des mesons, parks, bois et vivers, et totes autres choses qe eschient en la mein le Roi, voet le Roi qe celui qe avera le damage receu eit bref de wast en chauncelerie vers l'eschetour de soen fet ou le sutheschetour de son fet, s'il eit de quei respoundre; e s'il n'ad de quei, si respoigne son soverein par autele peine quant as damages, come derrein fust ordené par estatut[2] sur ceus qui fount wastz en gardes.

19. Derechief, la ou l'eschetour ou le visconte seisit en la mein le Roi autri terres la ou il n'ad reson de seisir, e puis, quant trové est la non reson, les issues du meen temps unt esté ceo en arere retenuz et ne mie renduz quant le Roi ad la mein osté, voet le Roi qe desoremes, la ou terres sont issint seisies et puis la mein osté, par ceo q'il n'ad reson de seisir ne de tenir, soient les issues pleinement rendues a celui a qui la terre demoert et avera le damage receu.

20. Ordené est qe nul orfevre d'Engleterre ne d'aillours de la seignurie le Roi ne overe ne face de ci en avant nule manere de vessele, de joiaus, n'autre chose d'or ne d'argent, qe ne seit de bon et de verrai alai, c'est assavoir or de certeine tuche et argent de l'alay de le esterling ou de meillur alay, solonc la volenté de celui a qui les ovres sont. E qe

---

1. Le statut de Winchester, promulgué le 8 oct. 1285 est une ordonnance de police générale; il commence par les mots : « Per ceo qe de jour en jour roberies, homicides, arsuns, plus sovenerement sont fetes qe avaunt ne soleyent... » *Stat. of the realm*, I, p. 96; Stubbs, *Select charters*, p. 470.
2. Voy. le 1ᵉʳ statut de Westminster (1275), art. 21. *Stat. of the realm*, I, 32, et le statut de Gloucester (1278), art. 5. *Ibid.*, p. 48.

nul ne overe pir argent qe moneie; et qe nul manere de vessele de argent ne parte hors des meins as overers, tant
q'ele soit asaie par les gardeins du mester; e ç'ele soit
signée de une teste de leopart; qe nul ne overe pir or qe
tuche de Parys; e qe les gardeins du mester aillent de
shope en shope entre les overers, assaiant qe l'or soit tiele
come le tuche avantdite; e s'il trovent nul pir qe la tuche,
qe l'overe soit forfet au Roi. Qe nul ne face anels croys, ne
fermail crois[1], qe nul ne mette piere en or si ele ne soit
naturele; qe taillurs des aniaus et des seals qe il rendent a
chescuny son poys d'argent et d'or, ausi avant come il le
poent sauver sur leur leauté; e les jueus d'or q'il unt entre
meins de viele overe, q'il s'en deliverent a plus tost q'il
poent; e, s'il achatent desore en avant de meisme cele
overe, q'il le achatent pur despescer et ne mie pur revendre.
E en totes les bones viles d'Engleterre ou i a orfevres, q'il
facent meismes les estatutz qe ceus de Loundres fount; e qe
un viegne de chescune vile pur touz a Loundres, de querre
lour certeine tuche; e si nul orfevre soit atteint qe autrement le face qe desus ne est ordené, soit puny par prison
et par ranceon a la volunté le Roi.

En totes les choses desus dites, e chescunes de eles, voet
le Roi e entent, il et soen consail, et touz ceus qui a cest
ordenement furent, qe le droit et la seignurie de sa coroune
savez lui soient par tout.

1. Au lieu de *fermail crois*, une variante donne *fermaux*, qui paraît être
une meilleure leçon. Nous pensons qu'il faut interpréter ce passage comme
s'il y avait : « qe nul, qe face anels, croys ne fermaux, ne mette piere en or
si ele ne soit naturele. »

XVI. — CONFIRMATION DES CHARTES

PAR ÉDOUARD I

(14 février 1301)

Cette lettre patente, munie du grand sceau en cire blanche, existe en original à la Bodléienne, Oxford, parmi les Furney's charters; elle a été copiée par Blackstone pour son édition, p. 85, que nous reproduisons. Cf. *Statutes of the realm* (Charters of liberties, p. 44).

Edwardus Dei gracia rex Anglie, dominus Hibernie et dux Aquitannie, omnibus ad quod presentes littere pervenerint, salutem. Sciatis quod cum nos magnam cartam domini Henrici quondam regis Anglie patris nostri de libertatibus Anglie una cum carta de foresta concesserimus et confirmaverimus ac innovaverimus per cartam nostram, preceperimusque quod carte ille in singulis suis articulis teneantur et firmiter observentur, volumus et concedimus pro nobis et heredibus nostris quod, si que statuta fuerint contraria dictis cartis vel alicui articulo in eisdem cartis contento, ea de communi consilio regni nostri modo debito emendentur vel eciam adnullentur. In cujus rei testimonium has litteras nostras fieri fecimus patentes. Teste me ipso apud Lincolniam quarto decimo die februarii, anno regni nostri vicesimo nono.

XVII. — BULLE DU PAPE CLÉMENT V

ANNULANT LA GRANDE CHARTE

(29 décembre 1305.)

Comme la bulle d'Innocent III, celle de Clément V a été publiée plusieurs fois. Elle se trouve dans les diverses éditions de Rymer à la date. Nous ne l'avons pas trouvée mentionnée dans le *Regestum Clementis Papae V* (tome 1, 1885). Nous la publions d'après l'original, conservé dans la Bibliothèque Cottonienne, Vespasien E., 1; le sceau manque.

———————

Clemens episcopus, servus servorum Dei. Carissimo in Christo filio E., regi Anglie illustri, salutem et apostolicam benedictionem. Regalis devotionis integritas, que in exequendis votis apostolice sedis viget et viguit indefessa, digne meretur ut sedes ipsa a te obnoxia amputet, abstergat inc :oda, et fructuosa procuret. Sane nuper digna relatione percepimus quod te olim in Flandria, et ante quam illuc etiam accessisses, pro tui juris tuitione contra nonnullos tuos emulos et hostes agente, nonnulli regni tui magnates et nobiles alieque persone tuo nomini inimice, ex eo oportunitate captata quod extra regnum ipsum occupabaris, in opposito emulorum, nisi eisdem quasdam concessiones varias et iniquas, forestas, aliaque jura ad coronam et honorem tui culminis spectantia ab antiquo, que etiam, priusquam a dicto regno secederes, a te importune petebant, fecisses, contra te conspiraverant, concitabant populos et scandala plurima seminabant, tuque, prudenter illorum machinatio-

nem advertens ac volens tunc currentis temporis evitare peri-
cula, concessiones hujusmodi plus coactus quam voluntarius
perfecisti; et tandem, in regnum tuum te postmodum rever-
tente, licet nondum guerris sedatis eisdem, iidem magnates et
alii concessiones hujusmodi per importunitatem et presump-
tuosam instantiam per te obtinuerunt etiam innovari, regali-
bus super hoc exhibitis litteris ut in omnes infringentes concessiones prefatas bis annis singulis per omnes regni predicti
cathedrales ecclesias excommunicationis sententia promul-
garetur, sicut in eisdem litteris regio sigillo signatis plenius et seriosus continetur. Cum itaque sedes ipsa, que
regnum prefatum diligit inter omnia regna mundi, et te ac
ipsum gerit in visceribus caritatis, agnoscat concessiones
easdem presumptas et factas in tui honoris dispendium et
regalis excellentie detrimentum, concessiones easdem et vigo-
rem ipsarum et quicquid per eas est quomodolibet subse-
cutum, ac etiam excommunicationum sententias que in eisdem ecclesiis vel alibi fuerunt pro illarum observatione forsitan promulgate vel etiam promulgando, auctoritate apostolica et de plenitudine potestatis, revocamus, anullamus,
cassamus, cassas, nullas et irritas nuntiamus, litteras super
illis confectas viribus vacuantes ac decernentes te et succes-
sores tuos Reges Anglie ad illarum observantiam de cetero
non teneri, etiam si de observandis eisdem sacramentum forsitan prestitisses, presertim cum, quando coronationis tue
suscepisti sollempnia, de honore et juribus corone prefate
servandis, sicut ex parte tua asseritur, prestiteris juramentum,
aut si ad penas aliquas te propterea obligasses a quibus et
reatu perjurii, siquem propterea incurristi, te etiam absolvi-
mus; ad cautelam districtius inhibentes venerabilibus fratri-
bus nostris archiepiscopis et episcopis ceterisque personis
tam ecclesiasticis quam secularibus per regnum ipsum ubi-
libet constitutis, ne ipsi vel quivis ipsorum, (archiepiscopis et
episcopis videlicet, sub pena suspentionis ab officiis et bene-
ficiis, quam si per mensem substinuerint, sub excommunicationis, quam eos extunc necnon omnes et singulos alios
incurrere illico volumus ipso facto) contra hujusmodi revo-

cationis, anullationis, cassationis, irritationis et decreti
nostri tenorem aliquid attentare presumant. Nos enim
exnunc irritum decernimus et inane, si secus super hiis
contigerit attentari. Per hoc autem non intendimus jus,
siquod quibuscunque regnicolis dicti regni in premissis
ante concessiones hujusmodi per te factas forsitan compe-
tebat, auferre. Nulli ergo omnino hominum liceat hanc paginam noste revocationis, anullationis, cassationis, irritationis
et constitutionis infringere, vel ei ausu temerario contra ire.
Siquis autem hoc attentare presumpserit, indignationem
omnipotentis Dei et beatorum Petri et Pauli, apostolorum
ejus, se noverit incursurum. Datum Lugduni. iiij. kal. Januar.
Pontificatus nostri anno primo.

APPENDICE

La Grande Charte est encore aujourd'hui en vigueur, du moins pour un certain nombre de ses articles. D'après la seconde édition revisée des *Statuts* (vol. I, 1235-1713, publié en 1888), ont été abrogés : les articles 2 (droits de relief dus à la royauté), 3 (droit de garde noble), 4, 5, 6 (obligations de celui qui exerce ce droit de garde-noble), 11 (tenue des plaids communs en un lieu déterminé), 12 (enquêtes en cas de dépossession récente et de mort d'ancêtre), 13 (assise de dernière présentation aux bénéfices ecclésiastiques), 19, 20, 21 (répression des excès commis par les sheriffs et autres agents royaux), 24 (le bref « precipe »), 26 (gratuité des enquêtes en matière criminelle), 27 (extension du droit de garde-noble à des fils de roturiers), 28 (du serment à prêter en justice), 31 (confiscation de baronnies), 32 (maintien de la propriété féodale, comme garantie du service militaire), 33 (patronage des abbayes), 34 (droit d'appel des femmes en matière criminelle), 35 (tenue des cours de comté et de centaine), 36 (interdiction de créer des biens de main-morte), 37 première phrase (écuage). On voit que les abrogations portent sur l'organisation féodale (abolie par un acte de la 12ᵉ année de Charles II, c'est-à-dire en 1660), sur l'administration intérieure et sur la procédure. Tous les autres articles subsistent et figurent au livre des Statuts.

Dans ce recueil des Statuts, la Grande Charte est suivie 1° par la *Confirmatio Cartarum* (XIV de nos *Textes*), moins les articles 3 (ordre de lire deux fois par an au peuple les chartes de liberté) et 4 (ordre d'excommunier ceux qui violeraient ces chartes) ; — 2° le *Statutum de Tallagio* (XIII de nos *Textes*), mais seulement jusqu'à la fin du 4ᵉ paragraphe (vacua et nulla sint in perpetuum) ; le reste ne présente en effet qu'un intérêt person-

nel et transitoire ; — 3° les *Articuli super Cartas* (XV de nos
Textes), moins les articles 1 à 9 (précautions prises pour l'observation de la charte ; restriction du droit de prise exercé par les
agents royaux ; des plaids tenus par le sénéchal et les maréchaux ;
exercice de la justice ; élection des shériffs, etc.) 13 à 19, de
l'article 20, il ne reste plus que le dernier paragraphe, par
lequel le roi veut et entend « qe le droit et la seignurie de sa
coroune savez lui soient par tout ». — Cette dernière réserve
contient, pour ainsi dire, en elle toute l'histoire de la politique
royale à l'égard de la Grande Charte.

De la charte de la Forêt, il ne reste plus rien.

TABLE DE CONCORDANCE AVEC LES PRINCIPALES ÉDITIONS

	Rymer, nouv. édition (1816).	Blackstone (Magna Carta).	Statutes of the realm (1810).	Stubbs (Select charters).
I. Charte de Henri I (1100).............		Page IV	Chart. of lib. page 1	Page 100
II. Charte d'Étienne (1136)...........		— v	— 4	— 120
III. Charte de Henri II (1154).........		— vi	— 4	— 135
IV. Pétition des barons (juin 1215).....	Tome I, 1re part., p. 129	— 1	— 6	— 290
V. Grande Charte (15 juin 1215).......	131	— 10	— 9	— 296
VI. Bulle d'Innocent III (24 août 1215)..	135			
VII. Grande Charte (11 février 1225).....		— 47	— 22	
VIII. Charte de la Forêt (6 novembre 1217).....		— 60	— 20	— 348
IX. Sentence d'excommunication (13 mai 1253)..	289	— 70	Tome I, page 6	— 376
X. Doléances du Parlement (juillet 1297).....	Tome I, 3e part., p. 872			
XI. Proclamation royale (12 août 1297)..........		— LXVI	— 125	— 497
XII. Pétition concernant la Taille royale (oct. 1297).				
XIII. Inspeximus de la Grande Charte (1297,1300).			Chart. of lib. 33, 38	
XIV. Confirmation des Chartes (oct. et nov. 1297).	880	— 80	— 37	— 494
XV. Articles additionnels (6 mars 1300).........		— 83	Tome I, page 136	
XVI. Confirmation des Chartes (14 février 1301)..	927	— 85	Chart. of lib., p. 44	
XVII. Bulle de Clément V (29 décembre 1305).....	978			

ADDITIONS ET CORRECTIONS

Page VIII, aux sources pour les règnes d'Étienne et de Henri II, il faut ajouter le Poème sur *Guillaume le Maréchal, comte de Striguil et de Pembroke*, dont le tome I vient d'être publié par M. Paul Meyer (Société de l'histoire de France). Ce 1er vol. ne dépasse pas l'année 1194.

Page IX, ligne 1, au lieu de 1400, lisez 1100.

Pages XIII et 8. Sur l'élection d'Étienne et sur les deux chartes de libertés qu'il promulgue, voyez J. H. Round : *Geoffrey de Mandeville* (Londres, 1892).

Page XXX, ligne 16 et note 3, après vérification faite sur les rôles des lettres closes de la 19e année de Henri III, membr. 22 il est certain qu'il n'est pas question de nos Chartes. L'acte cité par Coke a pour rubrique : « De scolis legum in civitate Lond. » Le roi ordonne seulement au maire et aux shériffs de Londres d'empêcher « ne quis scolas regens de legibus in eadem civitate decetero ibidem leges doceat; et si aliquis ibidem fuerit hujusmodi scolas regens, ipsum sine dilacione cessare faciant. T. R. apud Basing. XI. die dec. » Dans la citation de Coke, au lieu de *vaking*, il faut lire : *taking*.

Pages 21 (40) et 35 (50). Philippe Marc était de Poitou : « constabularius castri de Notingeham (1215), natione Pictavensis », dit Roger de Wendover II, 612. La note 1 de la page 21 est donc, en partie au moins, inexacte. Sur les personnages cités dans ces deux articles on trouvera de fréquentes mentions dans les rôles des lettres closes et patentes publiés par M. Th. D. Hardy.

Page 35, ligne 9, à partir du bas, au lieu de *remanseris*, lisez *remansuris*.

Page 57, ligne 3, au lieu de *comes*, lisez *vicecomes*.

INDEX ALPHABETICUS

PERSONARUM, LOCORUM ET RERUM [1]

A

Abbendoniensis abbas. Voy. Abingdon.

Abergavenny (comté de Monmouth). Voy. Henri, év. de Llandaff.

Abingdon (comté de Berks), abbé d'. Voy. Robert de Henreth.

Abbatebirie abbas. Abbotsbury (comté de Dorset). 59, 62.

Abbreviare. 17 (13).

Abjurare regnum. 68 (10).

Abrincensis episcopus. Voy. Avranches.

Acherley. LVIII.

Adèle, veuve de Henri I. 12.

Adelulf, év. de Carlisle. 11.

Advocatio, avouerie. 56 (33).

Agistare, agistator. 67 (8, 9).

Aide aux trois cas. 18 (6), 19 (32), 29 (12), 30 (15).

Alain, abbé de Chertsey. 59, 62.

Alain Busset. 26, 40, 46.

Alain de Galloway, connétable d'Écosse. 26, 40.

Alain de la Zouche. XI., 91, 94.

Alain Fergant de Bretagne. 11.

Albamarla, Albemarle. Voy. Aumale.

Albiniacum. Voy. Aubigny.

Alexandre de Holderness, abbé de Peterborough. 59, 62.

Alexandre, év. de Lincoln. 11.

Alexandre, roi d'Écosse. 37 (59).

Alnwick (comté de Northumberland), prieuré d'. 12.

Amauri de Saint-Maur, maître du Temple en Angleterre. 26, 40.

Amerciari, amerciamentum. 17 (9, 10, 11), 30 (20), 31 (21, 22), 36 (55), 51 (14), 52 (14).

André de « Cancellis ». 31 (40), 35 (50).

Antoine Bek, d'Eresby, év. de Durham. 91, 92.

Appellum femine. 36 (54), 56 (34).

Argentein, Argenton, ou mieux Argentan (Orne). Voy. Richard.

Arsun. 106 (17).

Articuli super cartas. XLVII.

Arundellia, Arundel (sur l'Arun, comté de Sussex), comte d'. Voy. Guillaume d'Aubigny.

Assarium. 66 (4).

---

1. Les chiffres renvoient aux pages; les chiffres entre parenthèses, au numéro des articles. Nous avons cherché à identifier les noms de lieu, mais trop souvent nous avons dû nous résigner à l'ignorance. Nous n'avons rien dit de ceux qu'on trouvera partout, comme ceux d'évêché, de comté, etc.

B

C

G

H

K

Kenilworth. Dit de. xxxii.

Kidelli (barrages à poisson). 18 (23), 32 (33), 54 (23).

L

Laceio (de). Lassy (Calvados, arr. de Vire, c. de Condé-sur-Noireau). Voy. Ilbert, Robert de.

Lacy (Stanton-Lacy, comté de Shrewsbury). Voy. Gautier de.

Lacock, Laycock (comté de Wilts). 45.

Lambeth. Paix de. xxvii.

Lanarum vectigal. 78 (6). Male toute des leynes. 98 (7).

Landavensis episcopus. Voy. Llandaff.

Lancastria. Lankastria. (Lancastre). Honor de. 20 (36), 34 (43), 56 (31).

Lascy. Voy. Lacy.

Laud, arch. de Cantorbéry. lii, 13.

Laurent de Saint-Martin, év. de Rochester. 72, 75.

Lawthorp. lvii.

Legem. Ponere ad. 33 (38), 55 (28).

Lewelinus. Llewellyn-ap-Jorveth, prince de Gwinned 1194-1240. 21 (45), 36 (58).

Lex terre ou regni. 19 (29), 20 (37), 21 (42, 44), 33 (42), 36 (55), 77 (3).

Liber homo. 17 (9, 16), 51 (14), 55 (29), 56 (32), 67 (9), 68 (12, 13).

Lilburne (John). liii.

Lincoln. xxvii.

— Év. de. Voy. Alexandre.

Llandaff, év. de. Voy. Henri d'Abergavenny.

Londonia civitas. Londres. xiii, xx, xxii, 19 (32), 29 (12, 13), 43, 51 (9).

— Év. de. Voy. Maurice, Guillaume de Sainte-Mère-l'Église.

— Gardien de. 81.

Lorica. 5 (11).

Louis de France. xxvii.

Lucy. Voy. Richard de.

M

Madox. 24.

Majorité. 48 (3), 49 (5).

Malet. Voy. Robert.

Male tolte. 33 (41), 55 (30), 88 (3), 98 (7).

Malmesbury (comté de Wilts). Abbé de. Voy. Jean de Galles.

Malolacu (de). Mauley. Voy.

Maloleone (de). Mauléon. (Cette localité s'appelle depuis 1736 Châtillon-sur-Sèvre. Deux-Sèvres, arr. de Bressuire). Voy. Savari de.

Mandeville (Calvados, arr. de Bayeux, c. de Trevières). Voy. Guillaume.

Manwood. lxvii.

Marchia. La Marche galloise. 21 (46), 36 (56), 57 (note).

Maréchal d'Angleterre. Voy. Roger Bigot.

Maréchal de l'hôtel du roi. 103.

Mariage. Droit de. 3 (3), 4 (4), 16 (3, 4), 28 (6-8), 49 (6, 7).

Maritagium. Maritatio. 4 (3, 4), 16 (4), 20 (37), 28 (7), 49 (7).

Marc, Mark. Voy. Philippe.

Martin (ou Cadogan). év. de Bangor. 46 (60).

Martinny. Voy. Geofroy, Mathieu.

Mathieu de Martinny. 21 (40).

— Fils-Herbert. 26, 40, 46, 59.

Mathilde, fille de Waltheof. 7.

Mathilde, l'impératrice. xiii, 11, 14.

Maumeburie abbas. Voy. Malmesbury.

Maurice, év. de Londres. 6.

Medeweye. Medway. 18 (23), 32 (33).

Menevensis episcopus. Voy. Saint-David.

Q

R

S

V

W

Y

TABLE DES MATIÈRES

MACON, PROTAT FRÈRES, IMPRIMEURS

www.ingramcontent.com/pod-product-compliance
Lightning Source LLC
Chambersburg PA
CBHW071951090426
42740CB00011B/1900

* 9 7 8 2 0 1 3 5 1 5 4 4 3 *